韩秀芹 ◎ 著

创新理念下
学生管理工作研究

CHUANGXIN LINIAN XIA
XUESHENG GUANLI GONGZUO YANJIU

中国财经出版传媒集团

经济科学出版社
Economic Science Press

· 北京 ·

图书在版编目（CIP）数据

创新理念下学生管理工作研究／韩秀芹著．--北京：
经济科学出版社，2024.12. -- ISBN 978 - 7 - 5218 - 6576
- 9

Ⅰ. G645.5

中国国家版本馆 CIP 数据核字第 2024B6Y873 号

责任编辑：杜　鹏　武献杰　常家凤
责任校对：蒋子明
责任印制：邱　天

创新理念下学生管理工作研究

CHUANGXIN LINIAN XIA XUESHENG GUANLI GONGZUO YANJIU

韩秀芹◎著

经济科学出版社出版、发行　新华书店经销
社址：北京市海淀区阜成路甲 28 号　邮编：100142
编辑部电话：010-88191441　发行部电话：010-88191522
网址：www. esp. com. cn
电子邮箱：esp_ bj@ 163. com
天猫网店：经济科学出版社旗舰店
网址：http：//jjkxcbs. tmall. com
固安华明印业有限公司印装
710×1000　16 开　12.25 印张　200000 字
2024 年 12 月第 1 版　2024 年 12 月第 1 次印刷
ISBN 978 - 7 - 5218 - 6576 - 9　定价：99.00 元
（图书出现印装问题，本社负责调换。电话：010 - 88191545）
（版权所有　侵权必究　打击盗版　举报热线：010 - 88191661
QQ：2242791300　营销中心电话：010 - 88191537
电子邮箱：dbts@ esp. com. cn）

前　言

在当今教育领域，学生管理工作已经成为学校管理和教育改革的关键部分。随着社会和科技的迅速变化，传统的学生管理方式逐渐显露出不足，因此，需要运用创新理念来应对这些挑战，创新理念旨在提高学生管理工作的效率、包容性和适应性，以更好地满足不断变化的教育需求。面对当前快速变革的教育环境以及学生管理的复杂性与挑战性，对创新理念下学生管理工作进行研究，可以更好地应对这些变化，同时构建丰富的学生管理工作理论框架和实践经验。

基于此，笔者以"创新理念下学生管理工作研究"为题，首先分析学生管理工作的概念与特点、学生管理工作的原则与要求、学生管理工作的价值与模式、学生管理工作的环节与方法、学生管理工作新体系；其次探讨学生学习管理工作及创新思路、学生日常事务管理工作及创新、学生教育管理工作及创新发展、学生就业管理工作及优化创新；最后对学生管理工作的创新视角进行研究。

本书不仅深入分析了如何以学生为中心，提高学生管理的效能和成效，还探讨了信息时代对学生管理工作的影响以及如何利用现代化技术来优化学生管理工作。通过阅读本书，教育工作者和管理者能够更好地运用创新理念提升学生管理工作的质量，促进学生全面发展和成长。本书不仅适用于教育管理者和教育工作者，也为教育研究者提供了有价值的参考和启示，帮助他们更好地理解和探索创新理念对于学生管理工作的深远影响。

在写作本书时，笔者参考了很多专家的研究文献，也得到了许多专家学者的帮助，在此表示诚挚的感谢。在成书过程中，笔者翻阅了无数资料，进行了多次修改与校验，但限于笔者自身水平，书中难免有疏漏之处，恳请广大读者批评指正，从而使本书内容更加完善。

临沂大学　韩秀芹

2024 年 11 月

目　录

第一章

学生管理工作与创新体系解读

第一节　学生管理工作的概念与特点

一、学生管理工作的概念

学生管理是高等学校管理的一个重要组成部分，也是高等学校人才培养工作的一个重要环节。因此，高校学生管理工作既具有管理的一般本质，又有其自身的特殊本质，这主要表现在以下方面。

第一，学生管理工作是在高等学校这一特定的社会组织中进行的。任何管理活动总是在一定的社会组织中进行的。实际上，管理活动就根源于社会组织中协调组织成员的相互关系和个人活动的必要性。高等学校是系统培养专门人才的社会组织，大学生的教育和培养是其首要的和基本的任务。高校学生管理也就是高等学校为实现这一任务而进行的特殊的管理活动。

第二，学生管理工作的目的是实现高等学校的人才培养目标，促进大学生的全面发展。管理总是有一定的目的，管理的目的就是要实现一定社会组织的某种预定目标。高校学生管理作为高等学校人才培养工作的一个重要环节，其目的就是要实现高等学校在人才培养方面的预定目标，促进大学生的全面发展，使之成为全面发展、富有创新精神和实践能力的人才。

第三，学生管理工作的实质是要有效地利用学校的各种资源，为大学生的成长成才提供指导和服务。高校学生管理的任务是要为大学生顺利完成学业、健康成长成才提供各个方面的指导和服务，包括对大学生行为和大学生群体的引导、为家庭经济困难学生提供的资助服务、为毕业生提供的就业服务等。为此，就需要通过科学的决策、计划、组织和控制，有效地利用学校的各种资源，包括人力、物力、财力、时间和信息等。

综上所述，学生管理工作就是指高等学校为实现人才培养目标，促进大学生全面发展，通过决策、计划、组织和控制，有效地利用各种资源，为大学生成长成才提供各种指导和服务的社会活动过程。

二、学生管理工作的特点

高校学生管理工作不是高等教育范畴中的独立个体，而是与高校各项工作紧密相连的重要组成部分，是高校教育成果的有力保障，在高校教育的各个环节中起着支撑作用（杨逍和林怡冰，2022）。学生管理工作要为学生提供引导与服务，有其自身显著的特点，主要包括以下方面。

（一）学生管理工作具有突出的教育功能

学生管理工作是高等学校人才培养工作的重要组成部分，因此，高校学生管理既具有管理的属性，又具有教育的属性，有着突出的教育功能。

第一，学生管理工作目标服从和服务于大学生教育的目标。大学生是为了接受大学教育而跨进大学之门的，高校学生管理则是高等学校为实现大学生教育目标、促进学生圆满完成大学学业而实施的特殊管理活动，因此，高校学生管理的目标必然服从和服务于大学生教育的目标。

第二，教育方法在学生管理方法体系中具有突出的作用。教育方法是包括高校学生管理在内的现代管理活动中最经常、最广泛使用的一种基本手段。这是因为，一切管理活动都离不开人，而人是有思想的，人的活动总是由一定的思想意识支配的。任何管理活动都要坚持思想领先的原则，注意做好人的思想工作，通过影响人的思想去引导和制约人们的活动。而高校学生管理作为大学生教育和培养工作系统中的一个重要组成部分，也就必然要更加注重运用教育手段来增强高校学生管理的实效性。

第三，学生管理过程同时也是教育大学生的过程。高等学校是教育和培养专门人才的场所，高等学校的一切工作都应当对学生起到良好的教育和影响作用。高校学生管理过程中所贯彻的以人为本、民主法制、公正和谐的理念，所体现的从学校和学生的实际出发、遵循教育规律和管理规律、实事求是的科学精神，所采用的民主管理、依法管理、科学管理的方法等都会对学生起到潜移默化的影响。高校学生管理过程中所实行的依据大学生成长成才的规律和要求制定的各项规章制度，都会对大学生起到思想导向、动机激励和行为规范的作用。高校学生管理过程中管理人员的情感、态度和言行也会对大学生起到表率和示范作用。可见，高校学生管理的过程同时也是教育学生的过程，并直接影响着大学生思想品德的形成与发展。

（二）学生管理工作具有鲜明的价值导向

学生管理工作是为社会培养人才提供服务的，高校学生管理的目的、管理体制和管理形式总是受到社会的经济基础、政治制度和意识形态的制约。因此，高校学生管理必然具有鲜明的价值导向，它总是贯穿并体现着一定社会的主导价值体系，并直接影响着大学生价值观的形成、变化与发展。学生管理工作的价值导向主要体现在以下方面。

第一，管理目标。目的性是人类实践活动的基本特征。而人的实践活动的目的总是基于一定的需要和对实践对象的属性及其变化趋势的认识与判断，因而总是体现着一定的价值观念，高校学生管理的目的同样如此。事实上，高校学生管理的目的以及作为其具体展开的整个目标体系都是基于一定的价值观念确定和设计的，都贯穿和体现着一定的价值观念和价值追求，因而，高校学生管理的价值导向不仅对管理者的管理行为和大学生的日常行为起着导向、激励和评价作用，而且会对大学生价值观的形成和发展起到重要的引导和促进作用。同时，高校学生管理是大学生教育的重要环节，"为谁培养人，培养怎样的人"始终是大学生教育的首要问题，当然也是高校学生管理的首要问题。显然，对这个问题的解决必然鲜明地体现着一定的价值观念和价值追求。我国现阶段不仅要体现社会主义核心价值体系，还要体现实现中国特色社会主义的共同理想对人才培养的要求。因而，我国高校学生管理的目标也必然要体现社会主义的价值导向。

第二，管理理念。学生管理理念是学生管理的指导思想，直接制约着学生管理的原则和方法。而高校学生管理理念也总是体现了社会的价值体系，并往往是社会先进价值观念在高校学生管理中的贯彻和体现。例如，高校学生管理中的"以人为本"的理念就是我们党所坚持的"以人为本"的价值观念在高校学生管理中的贯彻和体现。在高校学生管理中全面贯彻"以人为本"的理念，坚持做到"关心人、尊重人、依靠人、发展人、为了人"，必然会对学生正确认识人的价值、确立"以人为本"的价值观念产生积极影响。

第三，管理制度。科学而又严密的规章制度是高校学生管理的基本手段，是高校学生管理规范化、制度化和法治化的基本保证和主要标志。而管理规章制度总是人们在一定的价值观念指导和影响下制定出来的，总是体现着一定的价值导向，具体表现为要求大学生做的事情、不做的事情，鼓励和提倡做的事情、反对和禁止做的事情，奖励怎样的行为和表现、惩罚怎样的行为和表现等。高校学生管理制度中的这些规定无不体现着鲜明的价值导向。

（三）学生管理工作是一项复杂的系统工程

同任何管理活动一样，学生管理工作也是一项系统工程，具有整体性、层次性、动态性和开放性。同时，学生管理又有其特殊的复杂性，因而是一项十分复杂的系统工程。

1. 学生管理工作的任务具有复杂性。学生管理工作既要紧紧围绕大学生的中心任务，加强对学生学习行为和实践活动的管理和引导，又要切实为大学生的健康成长着想，加强对学生日常行为包括交往行为、消费行为、网络行为的管理和引导，及时发现、校正和妥善处理学生的异常行为；既要加强对大学生现实群体，包括学生班级、学生党团组织、学生社团和学生生活园区的管理和引导，又要适应网络时代的新情况，加强对大学生以网络为平台形成的虚拟群体的管理和引导；既要对大学生在校园内的安全加强管理和引导，又要为大学生在校外的安全提供必要的指导和督促；既要做好面向全体学生的奖学金评定工作，以充分调动学生的学习积极性，又要做好面向家庭经济困难学生的资助工作，以帮助他们顺利完成学业；既要引导新生科学制定职业生涯规划、明确努力的具体目标，又要为毕业生提供就业、创业指导和服务，使学生能够在合适的岗位上施展自己的身手、实现自身的价值。总而言之，高校学生管理渗透于大学生专业学习和日常生活的各个方面，贯穿于大学生培养工作的所有环节和全部过程，其任务是复杂而又艰巨的。

2. 学生具有明显的差异和鲜明个性。高校学生管理的对象是大学生，而大学生则有着显著的差异和鲜明的个性，他们各有其特殊的精神世界和思想感情，有着不同的气质、性格、兴趣、爱好和习惯。即使是同一个年级、同一个专业、同一个班级的学生，由于他们各有其自己特殊的生活条件和生活经历，他们的思想行为也各有其特点。同时，随着自主意识的增强，大学生普遍崇尚个性、追求个性的自由发展和完善。对同一学生而言，其在成长变化不同的历史时期有着不同的特点。因此，高校学生管理就不可能按照完全统一的要求、规格和程序来进行，而要善于根据大学生的个性特点，因人制宜，因势利导，有针对性地开展工作。这就使高校学生管理具有了特殊的复杂性。

3. 影响学生成长的因素较为复杂。学生管理的目的是要促进大学生的健康成长，而影响大学生成长的，不仅有学校教育因素，还有外部环境因素，外部环境的构成因素是复杂的。现实世界中，所有与大学生的学习、生活、活动和交往有关的环境因素，都会或多或少地对大学生的成长产生影响。其中，有社会的因素，也有自然的因素；有物质的因素，也有精神的因素；有经济的、政治的因素，也有文化的因素；有国际的、国内的因素，也有家庭的、学校周边社区的因素；有现实的因素，也有历史的因素。尤其是随着现代信息技术的迅猛发展，世界越来越紧密地联系在一起，大学生可以方便快捷地获取来自世界各地的信息，因而，影响大学生思想行为及其成长的环境因素也就更为广泛、更为复杂。

同时，外部环境对大学生的影响也是复杂的：一是其影响的性质具有多重性。其中，有积极影响，也有消极影响，两者往往交织在一起，同时发生作用。而且，同样的环境因素相对于不同的大学生可能会发生不同性质的影响。例如，富裕的家庭条件对许多大学生是顺利完成学业的有利条件，但对有的大学生则成为铺张浪费、过度消费甚至不思进取、荒废学业的重要原因。二是其影响的方式具有多样性。有直接的影响、有间接的影响，有显性的影响、有隐性的影响，有通过对大学生思想情感的熏陶发生作用的、有通过对大学生行为的约束发生作用的。因此，在高校学生管理过程中，管理者不仅要善于对大学生的学习和生活进行正确的指导，而且要善于正确认识和有效调控各种环境因素对大学生的影响，尽可能充分利用其对大学生的积极影响，这是一项十分复杂的工作。

（四）学生管理工作具有显著的专业特色

学生管理工作在传统上是一项经验性的事务型工作，但由于高校学生管理有其特殊的管理对象、特殊的内在规律和特有的方法体系，就决定了必须形成高校学生管理专业视角、使用专业方法、形成专业研究模式。因此，高校学生工作管理是专业性很强的工作。

1. 学生管理工作有其特殊的管理对象。学生管理工作的对象是大学生，而大学生则有着区别于一般管理对象的显著特点，主要包括以下方面。

（1）大学生是具有高度自觉能动性的人。大学生具有强烈的自主意识、突出的独立意向和较高的智力发展水平，崇尚独立思考，要求自主自治。在高校学生管理过程中，大学生不仅是接受管理的对象，也是积极活动的主体。对于管理的要求和规章，对于管理者施加的指导和督促，他们总要经过自己的思考，作出自己的评价、选择和反应。更重要的他们还会主动、积极地参与到管理活动中来，自觉地接受管理和实行自我管理。这就要求在高校学生管理中必须着力激发和引导大学生的自觉能动性，使他们能够自觉地顺应高校学生管理的目标和要求，主动接受管理，积极开展自我管理。

（2）大学生是正处于成长和发展关键时期的人。大学生的心理日趋成熟但尚未完全成熟，智力迅速发展，情感日益丰富，自我意识显著增强，但又存在着诸如理智与情绪的矛盾、自我期望与自身能力的矛盾等心理矛盾。他们正处于思考、探索和选择之中，世界观、人生观和价值观正在形成，思想活动具有显著的独立性、敏感性、多变性、差异性和矛盾性。他们即将走上社会，正在做着进入职场、全面参与社会劳动实践的最后准备。可见，大学生有着既不同于少年儿童，又区别于成人的特点。同时，也正由于大学生还处于趋向成熟的过程之中，因而在他们身上又蕴藏着向各个方面发展的极大的可能性，自身又有着发展的巨大潜力。这就要求在高校学生管理中要针对大学生的特点，切实加强并科学实施对大学生的指导和服务，以促进他们的健康成长，并使他们的身心获得最佳的发展。

（3）大学生是以学习为主要任务，并在教师的指导下进行自主学习的人。大学生的主要职责是学习，大学生的学习是由教师指导的、按照一定的制度和规定有目的、有计划、有组织地进行的。同时，大学生可以按照学校的有关规定自主地选修课程，自主地支配大量的课外学习时间。因而，大学生的学习不仅需要掌握科学的学习方法，而且需要高度的学习自觉性和有效的自我管理。这就要求高校学生管理紧紧围绕大学生的学习任务，切实加强对大学生学习行为的指导和管理。

2. 学生管理工作有其特殊的内在规律。学生管理工作有其特殊的内在规律是由高校学生管理自身的特殊矛盾决定的。高校学生管理的特殊矛盾就是社会基于对专门人才的需要而对大学生在行为方面的要求与大学生行为实际状况之间的矛盾。这一矛盾存在于一切高校学生管理的活动之中，贯穿于一切高校学生管理过程的始终，决定着高校学生管理的全局，它构成了高校学生管理的基本矛盾，也是高校学生管理区别于其他社会实践活动的特殊矛盾。高校学生管理就是为解决这一矛盾而专门进行的特殊社会实践活动。因此，高校学生管理作为一种管理活动，固然要遵循管理的一般规律，但又有其区别于其他管理活动的特殊规律。这就需要对高校学生管理的特殊规律进行专门的探索和研究。高校学生管理理论研究的任务就是要揭示高校学生管理的特殊规律。

3. 学生管理工作有其特有的方法体系。学生管理工作所具有的特定的管理对象和特殊的管理规律决定了高校学生管理有其特有的方法体系。由于高校学生管理工作涉及面极其广泛，具有很强的综合性，因而需要掌握管理学、教育学、心理学、社会学等多方面的理论方法和技术。但高校学生管理的方法体系又不是这些学科方法和技术的简单拼凑和机械相加，而是需要在系统掌握这些学科理论、方法和技术的基础上，针对大学生的特点，依据高校学生管理的特殊规律和具体实际，将它们有机地结合起来加以综合运用，从而形成自己特有的方法体系。

第二节　学生管理工作的原则与要求

一、学生管理工作的原则

（一）学生管理工作的全面发展原则

学生管理工作要以提高学生素质为根本宗旨，高校对于学生的管理，不能违背这一要求。全面发展原则的关键在于确保所有管理工作措施和行为都直接或间接地为学生的素质提升服务。素质教育的核心在于培养学生的综合素养，而学生管理则应成为实现这一目标的手段之一。学生管理工作需要注重促进学生的全面发展，不仅要关注学术方面的进步，还要注重学生的品德、领导能力、创新思维和社交能力等各个方面的提升。管理工作需要创造一个有利于学生全面成长的环境，为他们提供丰富多彩的教育资源和发展机会。

（二）学生管理工作的方向性原则

管理是一种有目的的活动，管理工作必然具有方向性。以坚持社会主义方向为准绳，这是我国高校学生管理工作的一个本质特点。社会的性质制约着学校的性质，进而决定学校一切管理工作的性质，因此，高校学生管理工作作为一种有目的、有意识的自觉活动，必须坚持社会主义方向和重要思想，为现代化建设培养造就大批合格人才，这是高校学生管理工作必须遵循的一条最基本、最重要的原则。

（三）学生管理工作的集体性原则

强调高校学生管理工作的集体性，并不是要取消或者压制学生的个性。但是个性的形成和培养又不是孤立的，而是在集体的环境中进行的，两者是辩证统一的关系。学生管理工作是在学生集体——主要是班集体中进行的，班级既是学生管理工作的主要场所，也是德、智、体、美、劳教育的主要组织形式。学生集体既是对学生管理的组织手段，又是对学生进行教育的强大力量。因此，加强班级的建设符合学生管理的集体性原则。

（四）学生管理工作的平等与尊重原则

学生管理工作者应以平等的态度对待每一个学生，这里的平等有两个方面的含义：一方面，双方在人格上是平等的；另一方面，学生管理工作者应一视同仁地以对待每一位学生。平等就要尊重和信任学生，维护每一个学生都具有的自尊心和自信心。

二、学生管理工作的要求

（一）学生管理工作主体的要求

1. 学生管理工作主体的职业化。职业是职场中的专门行业，是社会劳动中的分类。职业作为社会劳动的具体形式，是由特定的工作职责、职业能力和工作岗位构成的。职业的不同，实际上就是工作职责履行、职业能力发展和工作岗位任务完成的不同。从这个意义来看，学生管理工作是一种专门的职业。学生管理工作者的职责就是在坚持社会主义办学方向，坚持育人为本、德育为先的原则基础上，对学生成长成才和全面发展，尤其是对学生思想、政治、道德素质的提高，负有教育、引导、管理、服务的责任，它体现了学生管理工作队伍特定的工作目的。职业化指的是从业人员从事某种职业之后所具备的职业状态。学生管理工作主体的职业化，就是要让学生管理工作者以学生管理工作为本职，在工作职责履行、职业能力发展、岗位任务完成等方面有职业归属感，能够真正安下心来做工作、凝神静气做研究，可以使学生管理工作队伍在职业范围内保持稳定。

2. 学生管理工作主体的专家化。一般而言，专家是对某一事物或领域精通或者说有独到见解的人。学生管理工作专家化是指在其职业化的基础上，通过不断学习提升和自身的实践探索，加强总结、反思和批判，持续提高自身业务理论水平和实践能力，成长为敢于创新、善于创造性地解决工作中遇到的各种问题、对工作中的各种问题有深刻的认知和独到见解的复合型人才，能够在学生管理工作岗位上成长为思想政治教育专家、教育管理专家、心理健康咨询专家、职业生涯指导专家、法治教育专家、社团活动指导专家等。当然，学生管理工作者的专家化非一日之功，要想成为专家，就要静下心来进行系统全面的学习，接受扎实有效的培训，经历真实、反复的实践，开展批判、反思研究。学生管理工作队伍专家化的前提是专业化，因而学生管理工作队伍专家化建设的关键是学生工作管理队伍专业资格的认定和综合业务能力测评体系的构建。所谓专业资格认定，就是要确定学生管理工作人员专业化发展的逻辑起点，进而制定学生管理工作队伍走上专家化的方向与举措，如攻读学位、晋升职称、学术研究、学习培训等，在此基础上，还要形成行之有效的约束机制，使学生管理工作队伍的专家化落到实处。

（二）学生管理工作对象的要求

1. 学生的自我教育要求。自我教育是衡量教育实效性的一个标志，又是学生工作的归宿。学生管理工作最终要落脚到作为成长主体的学生实现自我成长、自我发展。可以说，在新时期，自我教育是高校学生管理工作贯彻科学发展理念的内在要求，也是学生管理工作的长效标准和最终归宿，更是学生管理工作深化科学发展理念、克服传统模式的弊端和应对新形势的必然选择。因而高校在学生管理工作开展过程中，不要一味地强调教育主体一方，而要站在系统思维的视野，关注教育的对象——学生，如要正面引导、弘扬正气，建立自我教育的引导机制；加强学生会、学生社团等学生组织的建设，保障自我教育的实施条件；将自我教育贯穿到学生日常学习生活和社会实践活动之中，使成长主体的主体性价值得以充分实现；加强校园文化建设，形成自我教育的良好氛围；将思想政治教育与新生教育、专业教育、心理健康教育和实践就业教育等有机结合，进行全方位、全过程的自我教育；提高教育工作者的自我教育意识，发挥受教育者的积极性；以人为本、贴近学生，发现新情况、解决新问题。

2. 学生的自我管理要求。学生的自我管理是为了适应社会发展对个人综合素质的要求，调动自身主观能动性，自觉地利用和整合各方面资源，运用各种有效管理办法，开展自我认识、自我分析、自我设计、自我组织、自我实施、自我控制、自我监督和自我评价的自我管理过程。自我管理是学生主体性价值实现的过程，是自身能力素质有效提升的过程。在高校学生管理工作中，学生自我管理的领域很多，如设立学生宿舍自律委员会，以宿舍为依托，对学生予以社区化管理；建立辅导员助理、见习班主任制度，通过在高年级中选拔管理组织能力强的优秀学生干部担任低年级的见习班主任，有效弥补管理力量不足的问题；建立学生班规民约制度，对班级日常事务进行自治，进行民主管理等。

3. 学生的自我服务要求。学生的自我服务是学生通过相关载体和平台为所在的学生群体，包括自己在内所提供服务的过程。要实现自我服务，首先，要充分认识自我服务的必要性和紧迫感。特别是对于未来即将进入职场的学生群体而言，他们更要认识到这一点，应当具有自我服务的意识，应当具备自我服务的能力，应该在进行自我服务过程中全面提升自身的能力素质。其次，要充分利用好各级各类服务平台。各级学生社团组织、班集体、生活社区、学生会等学生群体性组织是学生实施自我服务的坚实载体，在这些组织中，学生可以互相学习，共同进步，同时，这些组织在学校各部门的领导下对于活跃校园文化、稳定校园秩序、沟通民情民意起到了很好的作用。

（三）学生管理工作内容的要求

1. 学生管理工作内容的具体性。学生管理工作要符合一所高校的具体实际，必须要使其内容具体化。根据科学发展理念的要求，在具体化的过程中，运用现有科学理论认真研究工作对象、工作环境等因素，能够使学生管理工作内容符合自身实际，而不是过于抽象而难以驾驭。不同的高校、不同的学生、不同的级别、不同的类型、不同的时期，学生工作的内容也有不同。

2. 学生管理工作内容的系统性。系统性是整体思维和结构优化在组织运行中的充分体现，系统是由多种相关因素组合而成的一个具有特定目标功能的组织。就高校学生管理工作的内容而言，其系统的构成要素有很多，如思想道德、就业指导、心理健康、能力素质、形势政策等。强调学生管理工作内容的系统性，主要在于要将学生管理工作视为一个有机整体，以避免将学生管理工作的各个方面孤立地看待，目的是要开阔学生管理工作者的工作思路，运用运动、发展、变化的观点审视学生管理工作，提高学生管理工作的时代性与系统性。从系统的角度认识学生管理工作，学生群体是一个系统，而且学生管理工作本身就是一个具有突出系统特点的整体。

3. 学生管理工作内容的层次性。层次性是自然界当中普遍存在的现象，学生管理工作内容作为一个特殊的系统，其内部的层次性是不以人的意志为转移的客观存在。高校学生管理工作不仅拥有自己的详细内容，而且其内容也必然具有相应的层次性。由此可见，高校学生管理工作内容不是单一的，而是集合的，是一个目标系统。高校学生管理工作内容的层次性就是对学生管理工作内容予以纵向剖析。对不同层次院校的学生来讲，人才培养的目标具有差异性。对不同年级的学生来讲，学生管理工作应该具有不同的针对性、指向性和工作内容的侧重性。从学生个体来讲，不同基础、不同水平、不同成长目标的学生应该接受不同的教育方式和教育内容，也就是真正意义上的因材施教。

（四）学生管理工作方法的要求

1. 学生管理工作方法的科学化。高等教育事业的科学化发展对学生管理工作提出了全新的要求。科学化的方法意味着学生管理工作的方法需要遵循客观规律，考虑到自身实际情况，并且与环境的变化相适应。对于学生管理工作而言，科学化的发展需要从纯粹处理琐碎事务的层面向更全面协调、可持续发展的层面进行转变。

（1）科学化的方法意味着将学生管理工作置于更广阔的视角下。不再仅关注处理日常琐事，而是要将学生管理视作一个系统性、全局性的工作。这需要建立一套科学的管理体系，以整合各个方面的资源和信息，更好地协调各项管理工作，使之更加高效和有序。

（2）科学化要求学生管理者更加注重长远发展。这意味着管理工作不再仅限于眼前的需求，而是要考虑到学校未来的发展方向和趋势。为此，需要制定长远规划和策略，从而确保学生管理工作能够持续适应社会变化和教育发展的需要。

（3）科学化方法还要求学生管理工作更贴近实际情况。学生管理策略和方法必须与学校的实际情况相符合，不能脱离实际情况盲目套用理论，而是要根据学校特点和环境变化灵活应对，确保管理方法的实效性和针对性。

（4）科学化方法也强调学生管理工作的适应性和灵活性。学生管理工作需要随着时间和环境的变化而灵活调整，不能僵化地套用固定的方法，而应根据实际需要进行变通和调整，以适应不断变化的环境和学生需求。要实现学生管理工作的科学化，需要引入先进的管理理念和技术手段。利用信息化技术、数据分析等工具，可以更好地了解学生需求和行为特点，从而为学校管理者提供更科学的决策依据。

2. 学生管理工作方法的人性化。在传统的视域中，高校学生管理工作的主要内容就是事务管理，其忽视了教育、服务、指导、咨询、资助等职能，滞后于当代学生群体成长、成才、成功的现实诉求。高校在管理工作中往往忽视人的全面发展的需要，没有真正做到以人为本。以人为本，在高校学生管理工作中就是要以学生为本，以学生的全面发展为本，把学生当作有思想、有独立人格的社会公民来看待，就是要坚持以学生的根本利益和成长成才为出发点。高校学生管理工作要做到以人为本，首先是管理工作要以学生为中心，从学生的立场出发满足其合理的需求，要尊重学生、依靠学生，注重教师管理和学生自我管理相结合；其次要不断满足学生的精神发展诉求，善于从学生自我发展与合理需求的视角完善管理规章制度，看待问题要善于转换角度，善于结合社会实际情况，善于调动各方面的积极性，体现学生激情与活力的特点，促进学生的自我实现与超越。

3. 学生管理工作方法的个性化。因材施教是中华传统文化中的精髓，是教育的真谛。高等教育要实现科学发展，增强育人工作的针对性、实效性和个性化是必然趋势和必由之路。学生管理工作是育人工作的重要组成部分，学生管理工作从理念到方法上增强针对性、实效性和个性化，是高校育人工作个性化教育的重要内容。可以说，在学生管理工作过程中，方法的个性化源于对象的个性化，对于不同的教育对象，需采取不同的教育措施，从而促进学生发展。强调因材施教，明确学生管理工作要充分把握新时代学生成长成才的身心规律、接受影响的思维习惯和全面发展的实际需求，善于利用信息化手段，充分尊重学生的个性，区分学生类型以进行分类指导，并最终实现个性化引导。

第三节　学生管理工作的价值与模式

一、学生管理工作的价值

（一）学生管理工作的社会价值

1. 学生管理工作是培养合格人才的重要途径。高校是人才培养的重要基地，而学生管理则是高校人才培养工作的重要手段，在培养合格人才中发挥着不可或缺的重要作用。

（1）维护正常的教育教学秩序。高校的教育教学活动是按照一定的规章制度有目的、有计划、有组织地进行的，建立和维护正常的教育教学秩序是高校教育教学工作的内在要求和基本条件。这就需要有严格的、科学的管理，包括学生管理。学生管理工作在维持高校教育教学秩序中具有特殊的重要作用。在高校学生管理工作中，实行严格的学籍管理，按照一定的制度和规定有序地做好有关学生入学与注册、课程和各种教育环节的考核与成绩记载、转专业与转学、休学与复学、退学、毕业与结业等各项工作，是建立正常的教育教学秩序的基础。实施系统的学习管理、引导学生明确学习目的、提高学生学习的主动性和自觉性、规范学生的学习行为、督促学生自觉遵守学习纪律和考试纪律、形成良好的学风，是建立正常的教育教学秩序的关键。加强对学生班级、学生社团等学生群体的管理，引导学生紧紧围绕高校的教育教学目标，有序地开展班级活动、社团活动和其他课余活动，是建立正常的教育教学秩序的重要条件。总而言之，高校学生管理工作是建立和维护正常的教育教学秩序的重要保证。没有有效的学生管理，维持正常的教育教学秩序谈何容易。

（2）培养学生的思想品德。社会建设所需要的合格人才不仅要具备良好的专业知识和能力素养，还要具备良好的思想品德。所谓思想品德是指人在一定的思想体系指导下，按照社会的言行规范行动时，表现在个人身上的相对稳定的特征，它是以心理因素为基础的思想与行为的统一体。培养学生良好的思想品德，不仅需要深入细致的思想政治教育，还需要有效的管理。这是因为人们良好思想品德和行为习惯的形成，是一个由他律到自律的过程。学生各方面还未成熟，发展尚未稳定，加之各个学生的思想基础不同，接受教育的主动性、积极性和自觉性各不相同，因此，学生自我管理、自我约束的能力存在差异。要帮助学生提高自理、自律的水平，使他们能够自觉地遵循社会的思想规范、政治规范、道德规范和法纪规范，形成良好的行为习惯，就必须在加强思想政治教育的同时，加强对学生各方面的管理，注重学生日常行为规范的训练。通过学生管理，科学制定并严格执行各项规章制度，强化行为管理和纪律约束，使学生的学习、交往等各方面的行为都能够按照一定的规范有序地进行，不仅有助于培养学生良好的行为习惯，也可以为思想政治教育创造良好的环境条件，从而增强思想政治教育的效果。

（3）激励、指导和保障学生的学习行为。高校教育教学的过程是教师与学生双向互动、"教"与"学"辩证统一的过程。其中，"教"是主导，"学"是关键。学习是学生的主要任务，是学生能否成为合格人才的关键。而学生管理工作则对学生的学习行为起着重要的激励、指导和保障作用。

第一，高校学生管理工作对学生学习行为的激励作用主要表现在：引导学生充分认识大学学习的社会意义和个体价值，明确学习目的，以激发学生的学习动机；运用颁发奖学金和授予荣誉称号等方式表彰学业优秀的学生，以鼓励学生勤奋学习；把竞争机制引入学生的学习活动之中，围绕学生的专业学习组织各种竞赛活动，以激发学生的学习热情。

第二，高校学生管理工作对学生学习行为的指导作用主要表现在：指导新生了解大学阶段学习的特点和要求，促进他们尽快实现学习方式从被动性学习到自主性学习的转变；指导学生根据社会需求和自身实际制定职业生涯规划，确定自己的职业生涯发展方向，从而明确学习的目标；指导学生掌握科学的学习方法，养成良好的学习习惯，不断提高自主学习的能力和学习效率；指导学生积极开展社会实践活动，注重在实践中加深对专业理论知识的理解，在实践中提高自己的专业技能。

第三，高校学生管理工作对学生学习行为的保障作用主要表现在：加强资助管理，切实做好助学贷款和助学金的发放工作，组织和指导学生的勤工助学活动，为家庭经济困难学生安心学习、顺利完成学业提供必要的经济条件；开展学生学习心理的辅导，帮助学生克服学业焦虑等各种消极心理，以积极健康的心态对待学习等。

2. 学生管理工作是建设和谐社会的内在要求。

（1）高校学生管理是促进学生集体和谐发展的重要手段。包括学生党团组织、班级、学生会、社团等在内的学生集体是学生政治、学习和日常生活的基本组织形式，直接影响着学生的思想和行为，是学生思想政治教育和管理的重要载体。学生集体的和谐发展，不仅直接关系着学生个体的健康成长和全面发展，也直接关系着高校的和谐稳定和科学发展。

学生管理包含着对学生集体的管理，因此，其在促进学生集体和谐发展中具有十分重要的作用。通过学生管理，引导学生集体自觉遵循学校的有关制度和规定，紧紧围绕学校的人才培养目标和学生成长成才的需要，积极开展丰富多彩的集体活动，充分发挥自身在学生自我教育、自我管理中的作用，可以促进学生集体的发展与学校发展的和谐与统一。通过学生管理，切实加强学生集体的思想建设、组织建设、制度建设和作风建设，引导学生增强集体意识，主动关心集体发展，积极参与集体活动，弘扬团结互助精神，不断增进同学友谊，注重相互沟通与交流，及时化解各类矛盾，可以促进各个学生集体自身的和谐发展。通过学生管理，引导学生党团组织、班级、学生会、社团等各类学生集体正确处理相互之间的关系，加强相互之间的沟通和协调，做到相互配合、相互支持，形成学生自我教育、自我管理的合力，可以促进各类学生集体的相互和谐与共同发展。

（2）高校学生管理工作是构建和谐校园的重要手段。高校是现代社会中不可或缺的重要社会组织，担负着培养人才、推进科技进步、传播先进文化的重要任务。构建和谐校园，是构建和谐社会主题中应有之义，也是推进高校科学发展的内在要求。

第一，加强学生管理，引导和组织学生积极发挥其在和谐校园建设中的主体作用是构建和谐校园的重要保证。加强学生管理，建立和完善学生参与民主管理的组织形式，引导、支持和组织学生依法参与学校的民主管理和实行自主管理，切实维护和保障学生在校期间享有的权利，引导和督促学生全面履行法律规定的义务，自觉遵守国家法律和学校管理制度，能够有力地推进高等学校的民主法治建设。

第二，加强学生管理，妥善地协调学生与学校、学生与教师之间的关系，维护学生的正当利益，实事求是地评价学生的思想品德和学业成绩，公正地实施奖励和处分，正确地处理学生中的各种矛盾和问题，可以使公平正义在校园中得到弘扬。

第三，加强学生管理，督促学生在学习考试、科学研究、人际交往和日常生活中坚持诚实守信，做到不作弊、不剽窃，引导学生尊敬师长、友爱同学、团结互助，在校园中形成诚信友爱的良好风尚。通过学生管理，充分调动学生的积极性和创造性，围绕专业学习，开展丰富多彩的社团活动和社会实践活动，鼓励、组织和支持学生开展科学研究、进行创造发明、尝试创业活动，使校园真正充满活力。通过学生管理，建立和维护学校正常的教育教学秩序和生活秩序，加强学生的安全教育和管理，保障学生的身心健康，有效地预防和妥善地处理学生中的突发事件，努力建设平安校园，使校园实现安定有序。通过学生管理，引导和督促学生自觉维护校园环境，节约使用水、电等各种资源，使校园成为人与自然和谐共处的生态校园。

（3）高校学生管理工作是维护社会稳定、实现社会安定有序的重要保证。我们所要建设的和谐社会应该是民主法治、公平正义、诚实友爱、充满活力、安定有序、人与自然和谐共处的社会。安定有序是和谐社会的内在要求和重要特征，也是实现社会和谐的基本条件。社会稳定则是安定有序的基本内容和重要表现，也是改革、发展的前提。而高校稳定是社会稳定的重要条件，高校稳定的关键则又在学生。这是因为学生的思想尚未成熟，思想和行为上存在着矛盾性。他们关心国家发展，关注时事政治，追求民主自由，并具有较强的政治参与意识，但尚缺乏政治经验和社会生活经验，政治辨别能力不强，容易受到影响。因此，切实加强学生管理，正确引导学生的社会活动和政治行为，妥善解决学生在学习、生活、交往和就业中碰到的各种矛盾和问题，及时处理学生中发生的各种突发事件，对于维护社会稳定、实现社会安定有序具有特殊的重要意义。

（二）学生管理工作的个体价值

高校学生管理工作的个体价值主要表现在激发动力、开发潜能、完善人格等方面。

1. 学生管理工作能够激发动力。高校的系统教育为学生的成长和发展提供了良好的条件，而学生能否健康成长和全面发展，关键在于学生自身的主观努力，即主观能动性的发挥。因此，要促进学生的成长和发展，就必须注重激发学生的内在动力，充分调动他们的主动性和积极性。高校学生管理工作具有显著的激励功能，在激发学生内在动力方面具有突出的作用。高校学生管理工作对学生的激励作用主要是通过以下三种路径实现的。

（1）目标激励。人的行为总是指向一定目标的，目标是人们期望达到的成果和成就，能够激发人的内在积极性，鼓励人们奋发努力。人们对目标的达成满足自身需要的价值看得越大，目标能够实现的可能性越大，目标的激发力量也就越大。高校学生管理工作遵循社会发展要求与学生自身发展需要相统一的原则，科学地制定管理的目标，着力引导学生根据社会需要和自己的兴趣爱好、主观条件合理地确定自己的学习目标和发展目标，从而对学生发挥着重要的激励作用。

（2）需要激励。需要是人的行为动力的源泉，是行为动机产生和形成的基础。人的积极性的发挥及其发挥的程度归根结底取决于其需要能否得到满足以及满足的程度。高校学生管理工作坚持以人为本的管理理念和服务学生的管理原则，关心学生的实际需要，维护学生的正当利益，扎扎实实地为学生的成长和发展提供各方面的指导和全方位的服务，因此，也就必然会对学生发挥重要的激励作用。

（3）奖惩激励。奖励和惩罚是高校学生管理工作的重要方法，其目的就是要通过运用正负强化手段，控制学生行为结果的反馈调节作用，以维持和增强学生努力学习和践行学生行为准则的主动性和积极性。奖励是通过奖赏、赞扬、信任等褒奖形式来满足学生的需要，使其感到满足和喜悦，从而更加奋发努力的正强化手段；惩罚是通过造成被惩罚者某种需要的不满足而使其感到痛苦和警醒，从而变消极行为为积极行为的负强化手段。高校学生管理工作通过恰当地运用奖励和惩罚，鼓励先进，鞭策后进，从而激励全体学生奋发努力。

2. 学生管理工作能够开发潜能。人的潜能是指人所具有的有待开发、发掘的处于潜伏状态的能力。它包括人的生理潜能、智力潜能和心理潜能。人的潜能是人的现实活动力量的潜伏状态和内在源泉，人的能力的发展在一定的意义上也就是开发潜能，使之转化为现实活动力量，即显能的过程。大学生正处于成长和发展的关键时期，着力开发他们身上所蕴藏的丰富潜能，将他们内在的潜能转化为从事社会建设的实际能力和现实力量，是大学生培养工作的重要任务。高校学生管理工作作为学生培养工作的重要组成部分，在开发学生内在潜能方面发挥着不可或缺的作用。大学生管理在开发大学生潜能方面的作用主要是通过以下三种途径实现的。

（1）指导学习训练。学习和训练是开发潜能的基础。只有通过系统的学习和训练，掌握必要的知识和方法，才能使潜能得到正确的、有效的发挥。高校学生管理工作者通过对学生的学习活动的管理和指导，引导学生确立正确的学习目的，掌握科学的学习方法，不仅可以充分发掘学生在学习方面的潜能，以提高他们的学习能力，而且可以促进学生系统地掌握专业理论知识和方法，从而使他们在专业方面的潜能得到开发和发展。

（2）运用激励机制。激励是开发潜力的重要手段。通过激励，可以充分调动人的主观能动性、打破其安于现状的消极心态、振奋人的精神、转变人的态度、激发人的兴趣、调整人的行为模式，从而达到开发潜能的目的。而激励则是大学生管理的重要手段。高校学生管理工作运用激励机制，通过引导学生明确努力方向和成才目标，奖励成绩优异、表现突出的学生，可以调动学生的主动性和积极性，激发他们奋发向上的进取精神，从而促进他们不断地开发自身内在的潜能。

（3）组织实践活动。实践是潜能转化为显能的中介和桥梁。人的潜能只有在实践中才能逐步显现出来并得到实际发挥，从而转化为显能。高校学生管理工作者通过支持和指导学生的社团活动和社会实践活动，鼓励和引导学生的科技服务和科技创新活动等，可以为学生提供丰富多样的参与实践活动的机会，使他们的潜能在实践中得到开发和发展。

3. 学生管理工作能够完善人格。人格是一个人所具有的稳定而统一的心理特征的总和。通俗地讲，人格就是指一个人的品格、思想境界、情感格调、行为风格、道德品质、精神面貌等。人格既是个人发展状况的集中表现，也是个人发展的内在主观条件。从内在方面来看，人的全面发展包含着人格的健全和完善。高校学生管理工作以促进学生的全面发展为根本目的，因此，必然要注重培育学生健全的人格，以促进他们形成崇高丰富的精神境界、高尚优秀的道德品质、积极健康的心理品格。高校学生管理在完善学生人格方面的作用主要表现在以下两个方面。

（1）优化环境影响。环境是影响学生人格形成和发展的重要因素，对学生的人格具有陶冶和感染的重要作用。高校学生管理工作在营造良好的校园环境、优化校园环境影响方面具有重要作用。高校学生管理工作通过制定和执行合理的规章制度，建立和维护正常的校园秩序；通过有效的学习管理和班级管理，促进良好学风和班风的形成；通过对学生交往活动的管理和引导，优化校园的人际环境；通过对学生网络活动的管理和指导，净化校园的网络环境；通过对学生社团和学生课余活动的管理和指导，形成积极向上、丰富多彩的校园文化生活环境；通过对学生生活园区的管理和学生日常行为的指导，为学生营造安定有序、文明健康的日常生活环境；等等。

（2）指导行为实践。实践是学生人格形成和发展的基本途径。学生所接受的各种教育影响只有在实践中通过他们亲身的体验，才能真正为他们所理解、消化和吸收。学生行为习惯的养成、实践能力的提高等更是自身长期实践活动的结果。因此，高校学生管理工作通过对学生行为和实践活动的管理和指导，也就必然会对学生人格的完善发挥重要作用。

二、学生管理工作的模式

（一）学生管理工作的人格化管理模式

学生管理工作的人格化管理模式是一种以人为核心的管理方式，注重在管理过程中充分关注人性要素，以挖掘和发展个体潜能为己任，它体现了以人为本的管理理念，将管理的指导思想、原则和方法都围绕着个体展开，旨在充分尊重和理解被管理者的个性和创造才能，激发他们的积极性、主动性和创造性，使其更有效地融入学校管理和更好地实现组织目标。

第一，学生管理工作的人格化管理模式强调对人的尊重，要求学生工作管理者要充分尊重每个学生的个性差异和特点，不同的学生可能拥有不同的思维方式、学习习惯、兴趣爱好等，因此，管理者需要从容纳多样性的角度出发，以平等、包容的心态对待每个学生，尊重他们的观点和需求，给予充分的关怀和支持。

第二，学生管理工作的人格化管理模式强调激励机制，包括对学生进行有效的激励，以激发其学习和发展的内在动力。激励不仅体现在奖励方面，更重要的是能够识别和肯定学生的优点和努力，并给予及时的肯定和鼓励。这种正向的激励能够增强学生的自信心和学习动力，推动其更积极地投入学习和成长。

第三，学生管理工作的人格化管理模式注重为学生提供各种成长与发展机会，包括提供多样化的教育资源、丰富多彩的课程选择和参与各种活动的机会。通过创造性地设计学习环境和课程设置满足不同学生的发展需求，帮助他们探索兴趣、展现才华，使其在多元的学习和成长中发挥个人潜能。

第四，学生管理工作的模式要求管理者能够真正理解和倾听学生的声音。建立良好的沟通机制，让学生有表达自己意见和需求的平台，并且真诚地对待这些反馈，采取有效的措施来解决问题，这有助于建立良好的师生关系和学习氛围。

（二）学生管理工作的精细化管理模式

随着科学技术的不断发展，人类已经进入了一个崭新的时代。当前在互联网背景下，大学生所接触到趣闻奇事较多，且他们的思维也较为活跃，对新鲜事物的接受能力也很快，过于看重主流或非主流的时代观念，社交范围很广，尤其是对电子产品具有极强的依赖性。由此可见，当前高校要想对学生进行有效的管理，必须改变传统的管理观念，与时俱进，不断创新管理方式，有针对性地对待学生的个性化发展，让原来的被动式转化为主动式管理，采取精细化管理模式（蒲实，2020）。学生管理工作的精细化管理模式步骤如下：

第一，确定管理目标。始终本着"以人为本、因材施教、全面发展"的基本教育管理思想，将重点放在对教学质量的提升方面，通过科学的管理理念与方法，以创新作为突破口，强化教学的精细化管理，从而实现教学质量的全面提升。在学生面前，要形成新形象，承担起把学生培养成有用人才的社会职责，并且在学校教育的过程中导入精细化管理的理念，主要采用全面化的管理方法管理流程，确保精细化管理能够达到最佳水平，突出实效，促使学生在学习的过程中发挥主动性，让学生的个性化发展得到全面提升，让教师工作更加主动。

第二，细化分解并梳理管理工作各流程。一是对于学生管理工作要做好细化分析。二是强化教师培训，创新培训形式，注重培训"走出去"与"请进来"。三是过程管理应当始终本着以结果为基本导向，不断提高管理效率，所有的过程都应当讲究精细化。四是考核评价，管理的重点在于有效落实，充分地对指挥棒的基本效能进行发挥，对管理责任进行充分落实，有效地形成精细化管理的模式。五是校企通道要贯穿学生管理的全过程。校企通道关系到学生的就业前景，是学生进入企业并且满足岗位需要的主要基础。

第三，细化分解并归类管理资源。学校资源是学校持续发展的基础，根据学校的教学、管理、服务三大功能，其又可以分为教育教学资源、学生管理资源、后勤服务资源。以上三类资源服务于精细化管理的各个流程，在资源分配上各有侧重，通过统筹安排，确保资源利用率的最大化，最大限度地凸显管理合力，因此，要做到以下方面：一是加大师资队伍建设投入；二是保障学生管理资源充足；三是确保后勤服务全面到位。

（三）学生管理工作的网格化管理模式

高校学生网格化管理模式就是指建立在数字技术基础之上的、以单元网格管理为特征的一整套大学生管理思路、手段、组织、流程的总称。学生网格化管理模式可在不对学校传统管理体系进行剧烈变动的前提下，对高校学生管理运行体系、管理结构进行重新设计，形成管理区域内的网格小单元；通过建立及实施组织保障体系，对学生管理工作的流程和组织予以明示；运用现代信息化技术及配置先进科学器材，形成科学的管理系统。总而言之，高校学生网格化管理就是以种种信息时代的技术手段实现"块""条""点"的工作管理模式，最终实现学生管理工作的立体化。

1. 网格化管理模式在学生团建管理中应用。高等学校是团建工作的天然港湾，将网格化管理模式寓之于团建管理，具体而言就是建立以高校团委为网络中心，以班级团支部、社团团支部、公寓或宿舍楼栋团支部及网络团支部组合起来的四大联网体系。这四大网格涵盖学生的日常学习、第二课堂活动、居住场所等领域，实现了团建工作的生活化、日常化和常态化，从而有利于发挥各个体系的功能和团建工作的开展实效。如楼栋团支部可以有效克服宿管单位重管理轻教育、重理性轻人文的倾向，从而实现学生团建全天候、无空隙的管理模式；网络团支部可以有效发挥网络资源共享、超越时空、实时交互等优势，从而克服应届毕业生因实习、找工作不常在学校而管理不便的矛盾，切实实现对学生的动态管理、立体管理，最大限度地保障正常的教学、科研秩序，为人才培养提供良好的环境。

2. 网格化管理模式在消防安全管理中应用。高校消防安全不仅关乎师生生命财产安全，而且是教学和科研工作顺利开展的必要前提。将网格化管理模式引入高校消防管理工作也是一种可行的路径。以各宿舍、各班级、各实验室为基础成立消防安全三级网格，具体负责本网格的安全法规学习宣传、设备检查、线路排查等常规工作；以各院系为基础成立消防安全二级网格，具体通过阅报栏、校园广播、闭路电视、校园网络等媒介进行消防安全宣传；成立专门的消防安全管理工作小组作为一级网格，负责消防安全工作的整体部署和协调，从而实现消防安全管理"横向到边、纵向到底、管理到位"。

3. 网格化管理模式在学生突发事件管理中应用。突发事件或突发公共事件涉及领域广、涵盖部门多，因此，形成统一协同的应急体制机制是当下管理领域面临的突出难题。突发事件具有不确定性、破坏性、综合性、社会性、突发性和紧急性等特性。在突发事件的爆发前、爆发后、消亡后的整个过程中，高校应用科学的方法对其加以干预和控制，最大限度地发挥管理的作用，尽量使损失降到最低。

就高校学生突发事件的管理而言，网格化管理模式在事件报告、事件分析、处置对策、辅助组织制定指挥方案、预测和预警、事件的后期处理等方面具有独特的优势。在事件报告上，高校依托一线学生网格管理员，可以在第一时间，以最快速度，通过手机拍照、现场录像等方式将事件及时报送给信息中心，后者通过网格化管理的网格编码可以迅速获得事件位置、事件性质，同时通过数据的属性、位置，可以在现有的数据库中查找到所有相关的信息，为事件分析提供充足的信息。在处置对策与辅助指挥上，高校可以通过设立在各个楼宇的三级网格员制订科学有效的应急方案，如分析现有的消防分布、查找最近的救援部门、分析最佳的救援路径、对道路信息进行分析、及时对道路进行疏导等。在此基础上，高校为指挥调度部门提供专业队伍、救援装备、医疗救护、储备物资等信息服务，从而最大限度地减少损害，确保学生人身、生命及财产安全。

　　总而言之，高校学生网格化管理是一项复杂的系统工程，涉及面广，涵盖领域宽，这就要求厘清高校学生管理的特点、特质与特征，遵循管理育人的理念与原则，科学设计符合大学生成长成才要求的制度与办法，不断与时俱进，不断推进制度创新，不断研究新现象，建立新制度，解决新问题，为推动教育事业发展作出应有的贡献。

第四节　学生管理工作的环节与方法

一、学生管理工作的环节

（一）学生管理工作的决策环节

　　学生管理工作的决策是指学生管理工作者为了达到一定的目标，在掌握充分信息和对有关情况进行深刻分析的基础上，运用科学的方法，从两个以上的可行性方案中选择一个合理方案的分析判断过程。

　　1. 学生现状的研究。有待解决的问题才需要决策，换言之，决策是为了解决一定的问题而制定的。因此，制定决策前先要分析问题是否已经存在，是何种性质的问题，这种问题是否已经对社会、对学校、对学生自身以及未来的发展产生了不利影响。高校需要分析学生的学习、生活、各种能力的培养、实践活动、未来的就业和创业等可能遇到的种种问题以及面临的挑战，确定问题的性质，把问题作为决策的起点。当然，研究这些问题的主要人员应该是高校的高层管理人员，他们能够通观全局，易于找出问题的关键所在。

2. 决策目标的确立。在分析了学生学习、生活、各种能力培养、实践活动、未来就业和创业可能遇到的种种问题以及面临的挑战或者说不协调的因素之后，高层管理人员还要进一步研究针对问题将要采取的各种措施应符合哪些要求以及必须达到何种效果，换言之，要明确决策的目标。明确决策目标，需要做好以下三个方面的工作。

（1）提出目标。这一目标应该包括上限目标（理想目标）和下限目标（必须实现的目标）。

（2）明确多元目标之间的相互关系。高校学生管理工作的目标具有多重性，但是对于不同年级、不同专业的学生而言，其目标的重要性是不同的。在特定时期，决策只能选择其中一项作为主要目标。然而，多元目标之间的关系是既相互联系又可能相互排斥的，如对于毕业班的学生而言，考研究生和公务员以及求职之间就是这种既相互联系又相互排斥的关系。因此，高层管理人员在选择了主要目标后，还要明确它与非主要目标之间的关系，以避免在决策的实施过程中将主要精力和时间投放到非主要目标活动中去，避免因小失大。

（3）限定目标。目标的执行有可能给学校和学生带来有利的结果，也可能带来不利的结果。限定目标就是要把目标执行的有利结果和不利结果加以权衡，规定不利结果在何种程度上是允许的，一旦超越这一程度则必须停止原计划、终止目标活动。一般而言，不论是何种目标，它都必须符合三个基本特征：能够计量、能够规定期限、能够确定责任人。

3. 决策方案的拟定。决策的关键在于选择，而要作出正确的选择，就必须提供多种可供选择的方案。从实践来看，任何目标都可以通过多种不同的活动来实现，而不拟出几个实现它的抉择方案的情况是很少的。因为对于高层管理人员而言，如果看来只有一种行事方法，那么这种方法很可能就是错误的。在此情况下，高层管理人员可能就不再努力去考虑另一些能够使决策实现得更好的方法。决策方案描述了学校为实现目标拟采取的各种对策的具体措施和主要步骤，但是，由于目标的实现可以采取多种不同的活动，所以应该拟定出不同的行动方案。

（1）要确保有足够多的方案可供选择。为了使方案的选择有意义，不同的方案必须相互区别而不能相互包容。假如某个方案的活动能够包含在另一个方案之中，那么这个方案就失去了存在的意义和价值。

（2）形成初步方案。一般而言，任何一个方案的产生都应该建立在对环境的具体分析和发现问题的基础之上，然后，根据问题的具体性质以及解决问题所要达到的目标提出各种改进设想，并对各种设想进行分析、整理和归类，进而形成各种不同的初步方案。

（3）形成一系列可行方案。高层管理人员在对各种初步方案进行遴选、补充的基础上对遴选出来的方案进行进一步完善，并预期其实施结果，这样便会形成一系列不同的可行方案。

4. 方案评价与比较。学生管理人员需要对不同的方案加以评价和比较，这种评价和比较主要包括如下方面：一是实施方案所需要的条件能否具备以及具备这些条件需要付出何种成本；二是方案实施能够给学校和学生各自带来什么利益（包括长期利益和短期利益）；三是方案实施中可能遇到哪些问题以及其导致活动失败的可能性有多大。

根据上述评价和比较，学生管理人员便可以寻找出各种方案的差异、分析出各种方案的优劣。在此基础上进行的选择，不仅要确定能够产生综合优势的实施方案，而且要准备好环境发生变化时可以启用的备用方案。确定备用方案的目的是对可预测到的未来变化准备充分的必要措施和应急对策，避免在情况发生变化后因疲于应付而忙中出错，或束手无策而蒙受损失。

（二）学生管理工作的计划环节

学生管理计划就是在决策既定目标的前提下，进一步根据实际情况，科学地、及时地预计和制订为达到一定目标的未来行动方案。具体而言，学生管理计划就是通过将学校在一定时间内的活动任务分解给学生管理的每个部门、环节和个人，从而不仅为这些部门、环节和个人的工作以及活动的检查与控制提供依据，而且为决策目标的实现提供组织保证。

第一，制订学生管理计划。一般而言，制订学生管理计划可遵循以下程序：一是收集资料，为计划的制订提供依据。计划是为决策的组织落实而制定的，了解决策者的选择、理解有关决策的特点和要求、分析决策制定的大环境和决策执行的条件要求是制订行动计划的前提。二是目标或任务分解。将决策确定的学校总体目标分解落实到各个部门、各个活动环节，将长期目标分解成各个阶段的分目标。三是目标结构分析。分析学校在各个时期的具体目标是否能够实现以及能否保证长期目标的达成。四是制订并下达执行计划。学校可以为各个部门制订各个时段的行动计划（如长期行动计划、年度行动计划、季度行动计划）并下达执行。

第二，执行学生管理计划。制订计划的目的在于执行计划，而计划的执行需依靠学生管理工作者和学生的共同努力。因此，能否保质保量完成计划，在很大程度上取决于在计划执行过程中能否充分调动广大的学生管理工作者和学生的积极性。

第三，调整学生管理计划。在计划执行过程中，计划有时需要根据实际情况的变化进行调整。这不仅是因为计划活动所处的客观环境可能发生变化，而且可能因为人们对客观环境的主观认识有了这样或那样的改变。为了使学生的各种组织活动更加符合环境特点的要求，高层管理人员必须对计划进行适时的调整。而滚动计划就是为了保证计划在执行过程中能够根据情况变化适时修正和调整的一种现代计划方法。滚动计划的方法主要应用于长期计划的制定和调整。这是因为，一般而言，长期计划面对的环境比较复杂，采用滚动计划可以根据环境变化和学校内部活动的实际进展情况适时进行调整，以使学校始终有一个为各部门、各阶段活动导向的长期计划。当然，这种计划方式也可以应用于短期计划工作，如年度和季度计划的制定和修订。

（三）学生管理工作的组织环节

学生管理组织就是高校学生管理机构和学生管理工作者为了有效地实施既定的计划，通过建立管理机构，确定职位、职责和职权，协调相互联系，从而将组织内部各个要素联结成一个有机整体，使人、财、物、信息、时间、技术等资源得以最佳配置和利用。学生管理机构设置是否科学合理、组织工作是否有效，直接关系到学生的成长和未来发展，关系着学生管理目标的实现。要有效地实施学生管理，一定要使高校学生管理组织机构科学化、合理化，为此，就需要构建一套科学的学生管理机构并使之有效地发挥其职能作用。

1. 提升学生管理工作者专业能力。学生管理工作是集理论性、知识性、实践性、时代性和实效性于一体的工作，它致力于学生的成长和发展，应该成为一种专门的职业。在实际工作中，学生管理工作者不仅能应付日常事务，还要认真研究学生工作中出现的新问题，要像专家和学者那样，把学生管理工作当作一种事业去经营、去追求，掌握学生管理工作的规律和艺术，成为学生管理工作方面的专家学者。

2. 积极配备学生管理队伍的人员。为了进一步提高高校学生管理的水平和成效，各高校应该根据教育部的要求和实际工作需要，科学合理地配备足够数量的学生管理工作队伍，在保证数量的基础上，专兼职相结合，不断优化结构。目前，各高校的学生管理工作基本上采取院系主要负责制，由院党委副书记、专职辅导员及兼职辅导员协同工作。此外，基于目前大学生就业形势的日益严峻，不少高校在学生管理队伍中尝试配备职业指导人员，旨在为学生成功就业提供指导和必要的帮助。

（四）学生管理工作的控制环节

学生管理控制是学生管理机构和每一位学生管理工作者的重要职责，正确和因地制宜地运用控制手段和方法是使控制工作更加有效的重要保证。控制是大学生管理过程一个不可分割的部分，是管理的一项工作内容。但是，控制不同于强制，一般情况下，最有效并持续不断的控制不是强制，而是触发个人内在的自发控制。

1. 管理控制的类型。根据时机、对象和目的的不同，可以将控制分为以下三种类型。

（1）预先控制。预先控制是在活动开始之前进行的控制。控制的内容包括检查资源的筹备情况和预测其利用效果。

（2）现场控制。现场控制也被称为过程控制，是指活动开始之后对活动中的人和事进行指导和监督。对学生的学习和活动进行现场监督的作用在于：首先，使学生以正确的方法进行学习，参加各种活动。通过现场监督，高校学生管理工作者可以直接向学生传授学习、参加各种活动的要领和技巧，纠正其错误的做法，从而提高学生的学习能力和实践能力。其次，可以保证计划的执行和计划目标的实现。通过现场检查，学生管理工作者可以随时发现学生在活动中与计划要求相偏离的现象，从而将问题消灭在萌芽状态。

（3）成果控制。成果控制即事后控制，是指在一项活动告一段落之后，对该活动的资源利用情况及其结果进行总结。由于成果控制发生在事后，因而对活动已经于事无补，其目的是总结经验教训，为未来计划的制定和活动的下一步推进提供借鉴。

2. 有效控制的要求。

（1）适时控制。有效控制不在于偏差或问题出现以后的处理和补救，而在于事先通过适时控制消除可能导致偏差或问题的各种可能性，从源头上防止偏差或问题的形成。换言之，纠正偏差和解决问题的最理想的方法应该是在偏差或问题产生之前就注意到其产生的可能性，预先采取必要的防范措施，防止偏差或问题的产生。将有效的控制落实到操作上就是建立预警系统、形成应急机制。该机制的目的是通过建立预警系统，对可能发生偏差或问题的对象的信息进行分析和研究，及时发现和识别潜在的或现实的偏差或问题并进行客观评估，采取防范措施，防止和减少偏差和问题发生的可能。各高校可以根据自己的实际情况，建立一支由班级、院系有关师生组成的突发事件预警队伍，该队伍的每位成员都要接受专门的培训，并且明确职责和分工，定期对本班、本系、本院的学生进行了解、评估和帮助，将有关的信息汇总到学校的突发事件干预机构，再由突发事件干预机构根据实际情况统一部署，采取相应的措施。与事后的亡羊补牢之举相比，事先的适时控制才是最重要的，与其在偏差或问题发生之后进行补救，莫若事先适时控制。

（2）适度控制。适度控制是指控制的范围、程度和频度要恰如其分，恰到好处。一般而言，适度控制要注意三个方面：一是要避免控制过多又要防止控制不足。二是全面控制与重点控制相结合。高校管理机构和学生管理工作者不可能也没有必要不分轻重缓急、事无巨细地对学生的所有活动进行控制。三是控制的产出大于投入。一般而言，进行控制是要有投入的，衡量工作成绩和活动成效、分析偏差或失误产生的原因以及为了纠正偏差和补救失误而采取的措施都需要一定的花费。

（3）客观控制。有效的控制应当是客观的、符合高校学生实际情况的。客观的控制源于对学生学习和活动的实际情况以及变化的客观了解和评价。为此，控制过程中采用的检查、衡量方法必须能够正确反映学生活动在时空中的变化程度，准确地判断和评价各部门、各环节的工作与计划要求相符或背离的程度。

（4）弹性控制。学生在学校学习以及参加各种活动时难免遇到各种意想不到的突发问题或无力抗拒的变化，这些问题和变化可能会与原有的计划严重背离。而有效的控制即使在这样的情况下也应该能够继续发挥作用，维持正常运行。换言之，真正有效的控制应该具有灵活性和弹性。

二、学生管理工作的方法

（一）学生管理工作的目标管理法

1. 目标管理法的原则。

（1）授权原则。授权原则即在学生实施目标的过程中，学生管理工作者要能够给予学生适度的授权。

（2）协助原则。协助原则即学生管理工作者要为学生提供有关资讯及协助，并且要帮助他们排除实际执行中的一些困难、解决一些问题。

（3）训练原则。作为高校学生管理工作者，一方面要进行自我训练，以不断提高自己目标管理的水平；另一方面还要训练学生，帮助他们掌握相关的方法。

（4）控制原则。目标的实现是有期限的，为了确保目标的顺利实现，学生管理部门和学生管理工作者在每一阶段中都要对学生的活动加以监督、检查，并对出现的问题及时进行协助纠正。

（5）成果评价原则。成果评价原则由一系列原则构成，这些原则包括公开、公平、公正和成果共享原则。坚持公开原则就是要求公开评估，如学生进行自我评估、学生管理工作者进行客观评估。坚持公正和公平原则就是本着对事不对人的原则对目标达成情况进行客观比较。坚持成果共享原则就是要求充分肯定学生的成绩，将成绩归于学生。

2. 目标管理法的实施。

（1）设定目标。设定目标包括确定学校的总目标和各部门的分目标。总目标是学校在未来从事活动要达到的状况和水平，其实现有赖于全体成员的共同努力。在设定每个部门和每个成员的目标时，高校学生管理部门和学生管理工作者要向学生提出自己的方针和目标，学生也要根据学生管理部门和学生管理工作者的方针和目标制订自己的目标方案，并在此基础上进行协调，由学生管理部门和学生管理工作者经过综合考虑后作出决定。具体而言，设定目标就是要做到每个院系、每个班级在不同阶段都要设定不同的目标，如学习目标、实践能力目标、纪律目标、道德修养和人生理想目标，并以此作为努力的方向。同时，目标的设定还一定要明确清晰、能够量化。要求要适度，既要具有挑战性，又是通过努力可以达成的。设定目标还要为目标的实现确定一定的过程，即目标实现要有一定的时间限定。

（2）执行目标。各层次、各院系的学生为了达成分目标必须从事一定的活动，同时在活动中必须利用一定的资源。为了保证他们有条件组织目标活动，就必须赋予他们相应的权利，使之能够调动和利用必要的资源。有了目标，学生们便会明确努力的方向，而有了权利，他们就会产生强烈的与权利使用相应的责任心，从而充分发挥自己的判断能力和创造能力，使目标执行活动有效地进行。

（3）评价结果。成果评价既是实行奖惩的依据，也是上下左右沟通的机会，同时还是自我控制和自我激励的手段。成果评价包括学生管理机构和学生管理工作者对学生的评价、学生对学生管理部门和学生管理工作者的评价、同级管理部门相互之间的评价以及各层次自我的评价。这种上下级之间的相互评价有利于信息和意见的沟通，也有益于组织活动的控制。而横向的关系部门相互之间的评价也有利于保证不同环节的活动能协调进行。而各层次中学生的自我评价则有利于促进他们的自我激励、自我控制以及自我完善。

（4）实行奖惩。学生管理部门和学生管理工作者对不同成员的奖惩是以上述各种评价的综合结果为依据的。奖惩可以是物质的，也可以是精神的。公平合理的奖惩有利于维持和调动学生们饱满的工作热情和积极性，奖惩有失公正则会影响学生行为的改善。

（5）确定新目标。成果评价与成员行为奖赏既是对某一阶段组织活动的效果以及成员贡献的总结，同时也为下一阶段的工作提供了参考和借鉴。在此基础上，学生管理部门和学生管理工作者为各组织及其各层次、各部门的活动制定新的目标并组织实施，从而展开目标管理的新一轮循环。

（二）学生管理工作的档案管理法

针对高校学生管理的档案管理，通常会涉及学生的个人信息、学籍管理、学业记录等方面的信息。在许多国家和地区，都有相关的法律法规来规范高校学生档案的管理，以确保学生隐私的保护和信息安全。具体的档案管理法规会因国家和地区而异，以下是一些常见的档案管理要点。

第一，学生档案的收集和存储。学校应当合法、正当地收集和存储学生档案信息，确保信息的准确、完整和安全。学生个人信息的保护是至关重要的，需要严格遵守相关的隐私和数据保护法规。

第二，学籍管理。档案中应包含学生的学籍信息，包括入学材料、学历证明、学籍变动等记录。学籍管理应遵循规范和公正的原则，确保学生的权益和学术记录的真实性。

第三，学业记录和成绩管理。学生的学习成绩、课程表、学位证明等都属于学业记录的一部分。档案管理应确保这些记录的准确性、保密性和可追溯性。

第四，档案利用和查询。学生和相关教职工可以合法地查询和利用自己的档案信息。学校需要建立适当的档案查询和利用机制，确保信息的合法使用和保密性。

第五，档案保存期限和销毁。档案管理法规定了档案的保存期限，不同类型的档案有不同的保存期限要求。在档案保管期满后，需要按照相关规定进行安全销毁。

需要注意的是，具体的档案管理法规可能因国家和地区的法律体系而有所不同，请根据当地法律法规了解相关规定。

第五节　学生管理工作新体系的解读

一、学生管理工作新体系的构建意义

第一，有利于促进学生管理科学化理论的发展。理论是行动的先导，构建大学生管理工作新体系，有利于进一步把学生管理上升到科学层面，探索和创新适合我国高校学生管理科学化实践的管理理论和内容，以促进高校学生管理科学化理论的发展。

第二，有利于学生管理走上制度化、规范化、现代化的轨道。构建大学生管理工作新体系有利于深化学生管理体制的改革、建立健全学生管理机构、明确管理职责、科学制定学生管理制度、加强各项管理活动规范建设，使学生管理的各个环节有章可循；有利于降低学生管理政策的指令性而增加其宏观调控性，突出管理理论的指导性，重视管理实践的差异性，避免管理行为的盲目性和随意性，使管理遵循规律、步入科学管理的轨道，从而推进学生管理的科学化实践进程。这样，就可以使高校学生管理走上制度化、规范化、现代化的轨道。

第三，有利于提高各层次管理者的素质。学生管理队伍的素质水平，是实现科学化、现代化管理的关键。在大学生管理工作新体系构建的过程中，学生管理者需要加强科学化意识，主动依靠和利用现有的科学方法、现代化科学手段，提高学生管理的有效性。学生管理者必须学会应用科学的方法去分析问题、解决问题，不断地学习管理理论，认识和掌握学生管理的内在规律，掌握现代化管理手段，从经验主义的管理模式中解放出来。

第四，有利于促进学生管理水平的提高。高校学生管理的最终目的是强化内部管理的运行机制、提高工作效率和效益、促进人才培养。在科学化体系的保证下，学校和学生双方均可以按照有序的活动方式进行，而且活动的双方可以充分有效地发挥其主观能动性、充分发挥学生管理的有效性，从而提高管理的效率和管理水平。

二、学生管理工作新体系的指导思想

在现代社会，以人为本、不断促进人的全面发展已越来越成为经济社会改革发展的出发点和根本动力。作为一种深层次的高等教育管理发展理念，以人为本就是相信人、尊重人、依靠人、发展人、让人积极愉快地进行工作或学习，取得更好的教学效果，实现人的更大发展，这也成为高校大学生管理的理论基础。在学生管理工作中要"以大学生全面发展为目标，解放思想、实事求是、与时俱进，贴近实际、贴近生活、贴近学生，努力提高管理的针对性、时效性和灵活性（姚丹和孙洪波，2021）。学生管理工作新体系的指导思想包括以下方面。

第一，追求卓越的理念。追求卓越是一种优秀的组织文化，它的精神核心是"追求效率，以事业为本"，它与"以人为本"的结合更好地体现了管理文化内核向学生管理的良性渗透。只有具有追求卓越的精神，才能创造追求卓越的事业。

第二，民主与法治的理念。依法治校体现在学生管理制度中就是要加快推进学生管理的法治化进程，将学生管理全面纳入法治化管理的轨道，以充分尊重学生的人格和权利，客观、公正、全面地考核、评价学生，使学生管理顺畅、有序和谐。首先，高校在制定校纪校规时要注意体现和维护学生的正当利益，表达他们的意志；其次，高校要建立完善的利益表达制度，畅通信息交流的渠道，让学生能够充分、有效地表达自己的合理见解，维护自身的正当利益，同时，使学生与学生管理者增加沟通，有效提高管理的效率；最后，高校在学生管理工作中应坚持正当程序原则，通过正当程序控制管理过程，规范权力的运行秩序，使权力的行使符合法治精神的规范步骤和方式，避免管理运行的无序性、偶然性和随意性，保证管理行为的合法性和高效性。

第三，社区工作的理念。社区工作是专业社会工作的一种基本方法，社区工作具有以下理念特点：一是社区工作是一种工作方法；二是社区工作是一项有计划的行动；三是社区工作的实现途径是鼓励社区成员自助、互助及自觉参与；四是社区工作的基本目标是利用社区内外资源解决社区问题；五是社区工作的高级目标是培养社区归属感、促进社区整合、促进社会转变。高校既具有一般社区的特点，又具有学校社区的特殊性。新形势下的学生工作需要认清高校社区工作要素的特点，构建校园社区参与、互助、信任、成长的新局面。

三、学生管理工作新体系的考核评价

学生管理工作评价是指对管理工作的效果做全面检验和鉴定，它是学生管理工作体系的重要组成部分和基本工作环节，其作用在于能够让学校和有关职能部门全面了解和掌握各院（系）学生管理工作的状况和水平，总结学生管理工作的经验，探索学生管理工作的内在规律，加强对院（系）学生工作指导，使学生管理工作进一步向科学化、规范化、制度化发展，不断提高学生管理工作水平。科学合理的考核评价体系应包括以下三个方面的内容。

第一，考核评价的指标体系。依据高校学生工作的目标和构建高校学生工作评价体系的基本原则，学生管理工作评价指标体系一般可由日常事务管理工作、文明行为管理、学生宿舍管理和学籍及违纪管理四个一级指标组成。每个一级指标又可分为多个二级指标，每个二级指标又可设置多个观测点，其涵盖学生管理工作的各个方面，方便具体的考核评价。

第二，考核评价的结果体系。考核评价结果是对各项指标完成情况及效果的评定，可分为优、良、一般、较差和差五个等级，每个等级均有相对应的标准。优：能圆满完成各项观测指标，各个观测点反馈的信息都能与预期计划相一致，特色工作明显。良：能较好完成各项观测指标，各个观测点反馈的信息都能与预期计划大体上一致，特色不太明显。一般：基本能完成一级观测指标，二级指标落实效果一般，各观测点反馈的信息都能与预期计划基本一致，无特色。较差：一级指标、二级指标均只能完成小部分，各观测点反馈的信息都不能与预期计划相匹配。差：各项指标均不能完成。

第三，考核评价的激励体系。激励的种类通常包括薪酬激励、事业激励、机会激励和文化激励四种。薪酬激励是指通过金钱财富来满足人们的需要，从而达到激发内在动力的目的；事业激励是指通过提供更多的个人发展空间和机会来激励人们；机会激励是指通过工作行为本身使人们在一定程度内得到满足，产生一定的激励作用，如从事自己感兴趣的工作，这一"行为"本身就具有较强的激励作用；文化激励是指通过文化的熏陶和渗透会引发人们更高层次的心理满足，从而产生一定的激励作用。

第二章

学生学习管理工作及创新思路

第一节 学生学习能力的培养与开发

一、学生学习的影响因素与主要特征

学习是一种十分复杂而又普遍的心理现象。广义的学习包括人和动物后天获得经验的过程，而狭义的学习只是指学生的学习，即学生是在教师的指导下有目的的学习的过程。从广义的角度而言，学习是一种行为，但不是本能的行为，而是后天习得性行为是由经验或实践引起的。学习所引起的行为或行为潜能的变化是相对持久的。有些技能，如游泳、滑冰、骑车等，学会了之后几乎终生不忘。知识观念的学习虽然有时也会发生遗忘或被新的学习内容所干扰，但相对于那些因药物或疲劳等所引起的暂时性行为变化而言，它们保持的时间还是比较持久的。

学习是关系到生存的重大问题，无论是动物还是人类要想改变自己的行为都要进行学习。因此，学习无论对人还是动物而言都相当重要。如果失去学习的能力，也就标志着将失去生存的能力。但人类的学习与动物的学习是有本质区别的，这主要表现在以下方面：首先，人类的学习离不开对几千年来人类社会历史所积累的知识经验的继承；其次，人类的学习是有目的的，是主动积极的；最后，人类的学习既包括间接经验的获得，也包括个体在实践中获得的直接经验。人的一生都在学习，通过学习不仅保持了有机体与环

境的动态平衡，还产生了改造客观世界的力量。

（一）学生学习的影响因素

1. 智力因素的影响。一个学生学习的好坏先同他的智力品质有关，智力因素是高校学生学习的基础。智力因素发展的水平高，知识才能学得深、学得透、学得活、学得牢。人的智力发展趋势不是单调递增的：婴儿从出生到5岁智力发展得最快；5~10岁智力发展速度不如5岁之前，但仍有很大的增长；10~13岁智力发展速度减慢；14~16岁以后智力发展渐趋成熟；18~19岁智力已达成熟期（达到成人水平）；20~34岁是智力发展的高峰；35岁以后智力发展缓慢下降。高校学生正值智力发展的高峰期，因此，高校学生要借助大学良好的学习条件，充分发展自己的智力，从而提高学习的效率。

2. 非智力因素的影响。为了提高学生的学习效率和质量，不但要充分发挥学生的潜能，调动和组织学生的智力因素，而且要充分激发学生学习的动机和非智力因素，激励学生学习，使学习变为他们自己的需要和愿望。非智力因素不直接参与信息的处理过程，但对学习活动具有重要的制约作用。良好的非智力因素对智力因素功能的发挥有促进、激发作用，而不良的非智力因素则对智力因素功能的发挥有抑制作用。高校学生要想成为具有创造精神的突出人才，就要努力培养自己良好的非智力因素。

（二）学生学习的主要特征

1. 自主性学习特征。进入成人期后，高校学生的自我意识开始成熟并日趋稳定，主要表现为在学习上有着更强的独立性与自主性。

（1）与中学生相比，高校学生的学习方式会发生明显的变化。在中学阶段，学生的学习主要是在教师直接组织和指导下进行的，大部分的学习过程都由教师安排，学生只需要去执行。而在大学阶段，学生不仅要单纯地接受教师在课堂上所教授的内容，还要根据自己的专业和实际需要，自学一些其他方面的知识，与中学阶段相比，自学在大学中所占的比重较大。

（2）与中学生相比，高校学生拥有更为丰富的学习资源。除了教师的课堂教学外，图书馆、阅览室、校园学术讲座、学生活动、社会实践、师生交流、同学交流等都可以成为高校学生的学习资源。

（3）与中学生相比，高校学生拥有更多自由支配的时间。高校学生的课程安排不像中学生那样每天都排得满满的，在上课之余，高校学生每天有将近一半的时间供自己自由支配，可以对每天的学习作出更个性化的安排。

（4）与中学生相比，高校学生有了更多独立思考的意识。面对学习的内容，他们不再是不假思索地全盘接受，而是开始以敢于质疑的态度对待学习、对待书本、对待教师，开始在更多的问题上通过独立思考拥有自己的观点。

2. 专业性学习特征。专业性是指高校学生的学习有其一定的专业指向性和职业定向性的特点。高校学生学习与中学生学习的另一点明显的区别是，中学生处于基础教育阶段，他们更多学习的是多科性的基础知识，在同一年级，中学生所学习的课程内容是基本相同的。而大学是专业教育阶段，高校学生在入校时会划分一定的专业，在某专门领域进行有针对性的学习，掌握这一领域的专业知识、专业能力和专业道德，为毕业后在相关专业领域从事工作做准备。基于大学学习的专业性，高校学生应深入了解自己的专业，包括专业的培养目标、就业方向、课程设置、毕业条件等，努力发掘所学专业的魅力，培养自己对本专业的热爱，形成对专业学科知识的浓厚兴趣。在此基础上，认真学习自己的专业知识，锻炼专业技能。

3. 多样性学习特征。学习的多样性是指在大学期间，学生可以通过多种渠道、多种形式进行学习。上课时间之余，高校学生有较多时间自由支配，可以在学校为其提供的各种条件下进行广泛的学习。灵活多样的学习方式为高校学生从不同层次、不同角度学习知识提供了广阔的平台，也为高校学生在学习活动中发展自己多方面的兴趣、培养多方面的能力提供了条件。如学生可以通过选修课，学习自己感兴趣的知识；通过参加学生活动锻炼自己多方面的能力，例如通过参加演讲赛锻炼自己的语言表达能力，通过参加心理协会学习一些心理健康方面的知识等。学科交叉、文理渗透已成为时代发展的必然趋势。精通专业又知识广博的人，才是时代最需要的人才。

4. 探究性学习和创造性学习特征。大学阶段是个体智力发展的高峰期，智力上的成熟使高校学生具备了深入思考的基础。大学学习具有研究和创造的性质。对某一学科的学习已不是单纯对知识点的背诵，更重要的是要掌握这门学科的研究方法、了解学科存在的问题、对某些领域能形成自己的思考和见解，例如专业论文写作。大学期间，论文写作是专业课程的一种重要考查方式，它需要学生认真确定课题和研究思路，通过调研和思考，分析和解决研究的问题，并提出自己对该课题的观点。一些课外学生活动也体现了探究和创造的特点，如航模协会的学生设计出更加精巧、仿真度更高的模型，环保协会的学生通过专业知识测量附近水域的污染情况等。

二、学生学习能力培养与开发的策略

进入大学后，高校学生的学习环境、学习内容、教学方式与中学相比发生了明显的变化，如何培养高校学生的学习能力和开发高校学生的学习潜能成为全社会共同关注的问题（沈佳和许晓静，2022）。在当今信息化的浪潮下，大学生不断提高学习能力，既是弘扬新时期教育改革的主旋律，也是实现自身价值的必然要求（任福全和薄利惠，2017）。学生学习能力培养与开发的策略如下。

（一）激发学生学习兴趣

高校学生只有对学习产生浓厚的兴趣，才能自觉地、主动地去学习，因此，高校学生要想促进自我学习的发展，必须从各方面培养自己对学习的兴趣。具体而言，高校学生培养学习兴趣可从两个方面着手：一是将自己所学的专业与社会生活结合起来；二是结合自身的实践情况，制订科学合理的学习计划。

（二）建立学习心理认知

随着社会深入变革、经济高速发展，学习和生活上的竞争日趋激烈。面对这些状况，要培养学生的学习能力就必须建立正确的心理认知。对高校学生而言，主要需要面对以下方面建立正确的心理认知。

第一，面对学习的正确认知。高校学生对学业认知的心理状态直接关系到其学习的积极性和主动性。当前，部分学生的学习目的是掌握某种专业知识，方便将来就业。还有部分学生通过师长和朋友的建议，选择学校和专业，没有明确的目标和职业规划。这种在学习上的认知偏差导致学生缺乏学习热情、学业上难以取得更高成就。建立正确的学习心理认知就是要树立远大目标，深入了解社会，将个人理想与社会需要结合起来。

第二，面对挫折的正确认知。挫折是人们有目的的活动遇到无法克服的障碍时产生的情绪反应。一个人在成长的过程中不可避免地会遇到挫折，面对挫折，有的人感到挫败；而有的人则将挫折看作自己人生成功的动力，积极应对挫折，不断进取，从而取得成功。作为高校学生，一定要对挫折有一个积极的认知，努力应对生活中出现的挫折。

第三，面对人际关系的正确认知。建立良好的人际关系是学生全面发展的重要条件。高校学生的交往面更宽，需要处理各种关系。想要建立良好的人际关系就必须懂得，人际交往不只是一种沟通应对的技巧，更是一种自己与他人建立关系的生活态度。现实中确有部分学生由于自卑等心理造成人际关系紧张，甚至逃避集体生活。要解决这个问题，需要学生确立正确的人际关系心理认知，使其以豁达的人生观看待社会、理解他人。这是生活的需要，也是高校学生成功走向社会的需要。

（三）制定合适学习目标

培养良好的学习习惯要从制定适当的学习目标入手，学生学习目标的制定要符合自身实际情况，包括个人的志向、兴趣、性格特征等，还要结合学生未来职业生涯的规划，考虑所学专业和社会需求等要素。具体可以考虑三个方面：一是自身优势及性格特征；二是所学专业与社会需要；三是人生理想和个人兴趣。

（四）应用多元学习方法

第一，发现法。发现法的主要要求在于发挥学习者的主动性，把学习过程作为对信息进行选择、替换和应用的过程。高校学生利用发现法学习，一般在教师的指导下进行。发现法的基本步骤是：提出和明确感兴趣的问题，把这些问题分解为若干需要回答的疑问，以教师提出的解决疑问的各种可能的假设或答案引导思考方向，推测出各种答案，收集和组织可供下断语的有关资料，尽可能提供发展的依据，仔细审查这些资料，从而得出应有的结论，用分析思维去证实结论，对假设或答案从理论和实践上进行检验、补充和修正，使问题得到解决。

第二，试误法。试误法是学习过程中总要经历一些错误尝试，随着不断重复，错误的动作逐渐减少，成功的动作逐渐增多，最终获得完全成功。利用这一方法学习，一方面，要开动脑筋，积极思考，展开想象，大胆假设，认真验证；另一方面，也要虚心求教，严肃认真，从而尽可能缩短试误过程，以收到事半功倍的效果。

第三，SQ3R①学习法。SQ3R 是一种行之有效的学习方法，是系统学习的一种辅助手段。这一方法分为五步：第一，浏览。先不要忙着一章接一章地去读自己所想读的材料，而是先弄清所读材料的大概内容，迅速浏览全书，以便对整个概貌有所了解。第二，提问。浏览自己准备细读的那些章节时，要认真琢磨其中的某些观点，并且把它和已经掌握的观点相对比、相联系，并随手记下所想到的问题。第三，阅读。阅读通常要求读得慢而透彻。第四，背诵。这里的背诵是在理解的基础上把有关章节的中心思想能提纲挈领地复述出来。第五，复习。复习不应被看作仅在考试前才去做的事情，对需要长期记忆的材料必须反复复习。

第四，整体学习法与部分学习法。整体学习法是指将学习材料作为一个整体来进行学习，在学习过程中，将学习材料从头至尾反复学习，以获得对材料的总体印象和了解。部分学习法是指将学习材料分成几个部分，每次集中学习其中的一部分。对每个具体部分的学习，应当根据其难易程度的不同，具体安排学习时间或次数。在教学实践中，将上述两种学习方法结合起来使用往往可以起到更好的学习效果。

第五，集中学习法与分散学习法。集中学习法是指较长时间地进行学习活动，学习的次数相对少一些，一次学习时间的长短取决于所学习材料的性质及其他因素。通常情况下，集中学习法更适合于比较复杂难懂的材料，这样可以保证学习者集中注意力，有利于理解并掌握那些抽象难懂的材料。分散学习法是指将学习时间分成几个阶段，每学习一段时间就稍做休息。相关研究表明，假如分散学习的时间不是太短，这种方法是较为有效的。至于每次分散学习的时间多久为宜，则要根据学习材料的性质以及学习者个人的具体情况而定。

（五）运用技巧帮助记忆

第一，科学识记。识记是记忆过程中的第一步，是保持、再认和回忆的前提，良好的记忆往往开始于科学的识记。识记的目的是影响识记效果的重

---

① SQ3R 的全称是 "survey, question, read, recite, review"，即浏览、提问、阅读、背诵、复习。

要因素。识记目的越明确、越具体，识记效果就越好，因此，在识记前，对自己要识记怎样的知识、这些知识要识记到什么程度等要做到胸中有数。

第二，追忆能力养成。追忆是人们在一定的目的下自觉采用一些回忆的方法并需要付出一定意志努力的回忆方法。培养追忆能力的目的是让高校学生及时进入追忆的准备状态，并为追忆指明方向。追忆方法一般包括联想追忆、双重提取追忆（即借助表象与语言的双重线索）以及再认追忆等。此外，在追忆的过程中，因为思想高度集中、情绪容易紧张，原本知道的东西会一下子想不起来，遇到这种情况时，就需要利用自己的意志力来克服紧张情绪，排除其对追忆的干扰。这也要求高校学生加强对自身意志力的锻炼。

第三，复习习惯培养。正所谓"温故而知新"，组织识记后的复习可以有效减少遗忘。同时，复习效果的好坏并不机械地取决于复习的次数，而主要在于复习方法的正确性与有效性。

第四，外力辅助记忆。学会做读书笔记不仅可以更好地保持记忆内容，而且也是提高学习效率的有效手段。除了读书笔记，还有上课时记课堂笔记、记卡片和编提纲，有时还可通过将需要记忆的内容存入计算机等方式来保持所要识记的内容。

第二节 学生学习指导与管理的内容方法

一、学务指导与管理

学务指导是学习指导与管理的重要措施之一，学务指导与管理对指导者的业务素质要求更高，强调对学生的个别指导和针对性指导，强调学生本人的参与。学务指导工作具有其特殊性，这主要体现在以下方面：

（一）学务指导的针对性

学务指导是一项针对性很强的实践工作，整体而言，它随着学生所处的不同学习阶段有着不同的工作任务。在一、二年级，指导教师要做到以下方面：介绍大学学习与生活的特点，使学生能够迅速适应大学的学习与生活；帮助学生了解学校各种可以利用的教学资源，引导学生充分利用这些教学资源积极、主动地学习；介绍学科和专业的教学内容、研究方向和发展前沿，使学生尽早了解相关专业的内容与发展方向；在充分了解人才培养方案及教学计划的前提下，尊重学生的兴趣和志向，对学生辅修第二专业给予建议和指导；在可能的情况下，安排学生参加一些学术活动。到了三、四年级，指导教师要做到以下方面：尽可能地安排学生参加教学或科研课题研究，使学生在实践中接受系统的技能训练和科学素养的培养；尽可能地让学生参加学术和科技咨询活动，鼓励和引导他们扩大视野，活跃创新思维；在学生选择职业等问题上给予指导与建议。

（二）学务指导的差异性

学务指导可以从学校和学院两个层面开展工作，每个层面的工作方式都有一定的差异性。

第一，学务指导的学校层次体现。学校层面的学务指导应从两方面着手：一是成立学习咨询中心，聘请有教学经验、熟悉教育学和心理学的专职人员或部分兼职人员，面向全校学生提供咨询服务；二是开设学习指导等专门课程作为公共选修课供学生选修，不定期开设与学习指导有关的专题讲座。

第二，学务指导的学院层次体现。在学院层面，可以成立学院学务指导工作领导小组，由分管教学的副院长、分管学生工作的副书记、各系主任以及有关教师组成。从事学务指导工作的专任教师每月至少有一次在商定的时间和地点与学生交流。交流的时间和地点每学期初由教师上报学院后，由学院统一公布并上网，方便学生查询，同时可以通过电话和电子邮件随时对学生进行指导。学院要在新生入学时向本院学生提供关于专业设置、分专业培养方案和课程修读要求、学分要求、本院有关学生培养方面的政策和措施、毕业生就业去向和职业规划及其他有利于学生发展的指导性文字材料，便于学生提前做好学习规划。

二、学习技巧指导与管理

（一）学生沉浸式学习的指导

注意是心理活动对一定对象的指向和集中，注意力是学生学习的重要能力，学生要在学习中保持注意力、进入沉浸式学习要做到以下方面。

第一，学习前明确任务目标。拥有明确的目的性是引起人有意注意的重要因素，在学习活动中对高校学生起主要作用的是有意注意，高校学生对学习活动的目的和任务了解得越清晰、理解得越透彻，有意注意的自觉性和意志力就越高，完成任务的愿望也就越强烈。因此，高校学生学习活动中拥有明确的学习活动目的是第一步。

第二，以压力促进学习。高校学生注意力分散的一个重要原因是学习压力不足，在课程学习时，如果既缺乏关注课程的自觉性，又缺少一定的压力影响，则学生很难对该课程保持稳定的注意力，因此，在课程学习时，如果学生还没有对某门课程产生兴趣，那么就应该有意识地给其一些外在压力。

第三，采取多元化方式学习。单调而重复的刺激容易使人疲劳，活动变化的刺激能更好地吸引人的注意力。高校学生在学习活动中应有意识地运用多样化的刺激来保持注意的稳定性。在上课听讲时，如果仅是听教师讲或看板书，这种过于单调的刺激会让学生很快出现注意力转移，而如果能将听、说、读、写综合起来，即在上课听讲时把听教师讲、看板书、记笔记和积极发言结合起来，就有利于学生不断地通过刺激的转换保持对课堂的新鲜感，从而有效地保持注意力的稳定。

（二）在读书过程中提升自我修养

读书是人类获取知识的一种重要手段，要帮助学生在读书过程中提升自我修养，读书的基本要求包括以下方面：一是读书的选择性。学海无涯，人生有限。世界上的书浩如烟海，一个人终身苦读，所读的书也只能是沧海一粟。选择书籍要靠教师指点和自己筛选。二是读书的目的性。读书要有目的的进行，读完一本书再去买另一本书。三是精读和泛读。读书时，有些书（包括有些书阐述中心问题的部分）要精读，真正读懂，而有些书仅泛读，浏览一遍，略知其大意即可。

三、课余学术科技活动指导与管理

高校学生课余学术科技活动的主要形式有高校学生论坛、专家讲座、高校学生优秀科研成果评奖、高校学生课外科研立项及科技论文报告会等。目前，各高校都非常重视开展高校学生的学术科技活动，以鼓励在校高校学生参加科研活动，使其更多地接受科学研究的基本训练，培养学生的创新精神和实践能力，促进浓厚的学术科技氛围的形成。一般而言，课余学术科技活动指导应做到以下方面。

第一，高校应成立高校学生科技活动领导小组，负责全校学生课余学术科技活动的规划、领导、组织、协调。

第二，成立学生科技活动专家指导委员会，负责各类课余学术科技活动的立项、指导和评审工作。

第三，学校应设立"高校学生科技创新基地"，建立"高校学生课余科研基金"等，引导和支持学生的课余学术科技活动，锻炼和培养学生的动手能力和创造力。

第四，有关部门和学院在科技活动领导小组的指导下应共同组织和支持开展这项工作。

第五，校团委和各院系学生工作组也应发挥积极作用，组织开展丰富多彩的学生课余学术科技活动。

第三节 学生学习管理工作中的创新思路

当谈到学生学习管理工作中的创新思路时，我们不仅是在考虑传统的管理技巧和学术知识，更是在探讨如何在不断变化的环境中培养创新的思维方式和实践能力。随着社会的发展和技术的进步，管理工作的面貌也在不断改变，而这种变革需要新的思维方式和策略来应对。学生学习管理工作中的创新需要注意以下方面。

一、帮助学生培养创新思维

学生学习管理工作的创新需要关注学生创新思维的培养，这是一个需要持续引导和实践的过程。为了帮助学生培养创新思维，可以采用多种教学方式和经验积累的手段。在课堂内外，可以通过各种形式的案例分析来让学生理解创新是如何应对实际问题的。这种方法可以让学生从历史和现实案例中学习，探索不同情境下创新思维的运用。同时，团队项目也是培养创新思维的有效途径，通过与同学合作，学生可以在实践中体验到集思广益的力量，并学会从不同角度思考问题，从而培养创新的能力。

另外，实习经历是锻炼学生创新思维的重要途径之一。在真实的工作环境中，学生能够接触到实际业务和管理挑战，这为他们提供了一个宝贵的机会来运用所学知识，尝试解决现实中的问题。通过实践，学生可以更深入地理解创新思维的实际运用，并从失败和成功中汲取经验教训。除了以上提到的方法，了解各种行业的最新发展和趋势也是培养学生创新思维的关键途径之一。跨学科的学习能够帮助学生拓宽视野，为其提供更广阔的思维空间使其从不同领域获取灵感和知识。这样的跨界学习可以帮助学生打破传统思维定式、激发创新灵感，从而找到新颖的解决方案。

二、强调实践与反思的循环

学生学习管理工作不仅需要理论指导，更需要强调实践和反思的循环。理论只是一个起点，真正的创新思维需要在实际操作中得以验证和完善。为了培养学生的实践能力，可以引入模拟经营项目或实践性课程，让学生将所学知识应用到真实或模拟的场景中。例如，设计一个模拟公司运营项目，从管理到市场营销再到财务决策，让学生扮演不同角色，从而让他们在模拟情境中实践创新思维。这样的项目可以帮助学生将抽象的理论转化为具体操作，促使他们在实践中思考问题并寻找创新的解决方案。

后续的反思和总结很关键，学生需要在实践后进行深入的反思，审视自己的行动和决策，分析成功与失败的原因，并从中吸取经验教训。这种反思不仅是对已经发生的事情进行总结，更是为了了解自己的思维过程、决策依据以及可能存在的局限性。通过反思，学生可以发现自己的创新思维方式，使其在不断的循环中逐渐完善和提升。此外，教师或导师的指导也是学生实践与反思过程中至关重要的支持。教师可以提供指导，使学生转换审视问题的角度和思考方式，同时，在学生反思的过程中给予及时的反馈和建议。这种师生互动可以促进学生更深层次的思考，激发创新思维，并在不断的实践和反思中培养他们解决问题的能力。

三、推动团队的合作与交流

创新思维往往源于多元化的观点和交流。学生可以通过团队合作的方式，与不同专业背景和不同思维方式的同学一起工作，从中学习和汲取新的思维方式。通过讨论、辩论和共同解决问题，学生能够更好地理解团队协作的重要性并从中获得启发，从而产生更具创新性的想法。

学生学习管理工作的创新可以推动团队合作与交流来实现，团队合作能够为学生提供与来自不同专业背景、不同思维方式的同学共同工作的机会，从而促进多元化观点的交流和碰撞。在团队合作中，学生能够跨越专业边界，与其他同学合作解决问题。这种跨学科的团队协作让学生置身于不同的思维氛围中，从中汲取新的思维方式和理念。例如，一个管理专业的学生可能与设计、工程或者心理学专业的同学合作，他们各自带来不同的视角和知识，从而促成更具创新性的想法和解决方案。团队合作为学生提供了一个讨论、辩论和共同解决问题的平台。通过交流思想、激烈的辩论和共同努力解决难题，学生能够更好地理解团队协作的重要性。这种过程不仅是关于问题本身的解决，更是关于学生们如何相互启发、学习彼此的观点，以及如何在协作中提升创新意识和解决问题的能力。

团队合作有助于培养学生的沟通能力和领导力。在团队中，学生需要学会倾听他人观点、表达自己的想法，并协调不同观点之间的分歧，这些都是培养创新思维必不可少的素养。而在团队中担任领导角色的学生也会学会如何有效地管理团队、激发每个成员的创造力和参与度。教育者和导师在这个过程中扮演着重要角色，他们能够提供指导和支持，引导学生如何有效地进行团队合作，并鼓励他们积极交流和分享。教育者的引导可以促进团队合作的有效性，使学生们更好地从合作中学习，并将这种团队精神和合作能力运用到日后的工作和生活中。

四、利用科技与数字化工具

随着科技的不断进步，数字化工具成为创新思维的重要支持。学生可以利用各种数字化平台和工具来扩展自己的视野，了解各行业的最新动态和创新趋势。同时，也可以利用这些工具来进行数据分析和模拟实验，帮助自己更好地理解和应用管理知识，从而培养出更加务实和创新的思维方式。

随着科技的迅速进步，数字化工具已成为培养创新思维不可或缺的一部分。这些工具为学生提供了广阔的资源和机会，让他们更深入地了解不同行业的最新动态和创新趋势。数字化平台和工具能够成为学生获取信息的重要渠道。通过各种在线平台、数字化图书馆以及专业网站，学生可以获取到丰富多样的资讯，了解行业最新的发展趋势、管理创新和成功案例。这种便利的信息获取方式有助于拓宽学生的视野，让他们能够更全面地了解和思考管理工作中的创新问题。

数字化工具为学生提供了进行数据分析和模拟实验的平台。例如，数据分析软件和模拟工具能够帮助学生从数据中发现规律、趋势，并进行深入的分析。通过对真实数据的处理和解读，学生可以更清晰地了解管理决策背后的逻辑和影响，培养出更为务实和创新的思维方式。一些创新性的科技工具还可以模拟真实情境，让学生在虚拟环境中进行实验和应用管理知识。这种模拟实验有助于学生将所学理论与实际情况相结合，提升他们的应变能力和创新意识。例如，虚拟企业管理平台可以让学生扮演管理者的角色，在模拟的商业环境中制定策略、解决问题，从而培养出实践中的管理技能和创新思维。教师可以为学生提供培训和指导，教授其如何正确使用这些工具，发挥这些工具最大的作用。教育者还能结合这些工具设计丰富多样的课程，让学生通过实践和应用来巩固所学知识，并激发创新思维。

综上所述，学生学习管理工作创新是一个综合性的过程，创新思路不仅是一种技能，更是一种能力和态度，需要在实践和学习中不断地提升和完善。通过培养创新思维、强调实践与反思、推动团队合作和交流、利用科技工具以及不断学习和适应变化，学生可以更好地应对管理工作中的挑战，并为未来的职业发展奠定坚实的基础。

第三章

学生日常事务管理工作及创新

第一节　学生安全管理和健康服务工作

高校不仅是传授知识的基地，也是培养未来社会精英的平台。因此，确保高校学生的安全和提供有效的健康服务至关重要。

一、学生的安全管理工作

高校校园是学生学习和成长的地方，因此，学生的安全管理是保障其学术成功和个人成长的基础。高校学生面临各种潜在的安全风险，学校必须采取措施来减少这些风险，确保学生的安全。

（一）安全管理工作遇到的挑战

尽管安全管理工作的重要性被广泛认可，但实施仍然面临许多挑战。

第一，学校规模和多样性。大学校园通常庞大且多样化，管理这些多样性的挑战是一个巨大的任务。

第二，资金限制。为了提供有效的安全管理，学校需要投入资金，但往往受到有限的财政资源的制约。

第三，私人空间和公共空间。学生宿舍和校园公共空间之间的平衡是一个挑战，因为私人空间通常不受学校的直接监管。

（二）安全管理工作的实施策略

第一，制定明确的安全政策。学校应该制定明确的安全政策，以确保学生和工作人员都知道如何应对紧急情况。

第二，提供培训和意识活动。为学生和员工提供安全培训和意识活动，以提高他们的安全意识。

第三，利用技术。使用现代技术，如安全摄像头和警报系统等来增强校园的安全。

二、学生的健康服务工作

学生的身心健康对于其学术成就和整体幸福感至关重要，高校学生通常面临着学业压力、心理压力和生活方式选择等问题，因此，提供有效的健康服务对于帮助他们保持健康和成功非常重要。

（一）健康服务工作遇到的挑战

第一，预算限制。许多学校面临有限的健康服务预算，难以提供全面的健康支持。

第二，忙碌的学生生活。学生通常很忙，很难找到时间接受健康服务。

第三，心理健康问题。心理健康问题在大学校园中普遍存在，需要专门的解决方案。

（二）解决健康工作的实施策略

第一，多元化服务。提供多种类型的健康服务，包括身体健康、心理健康和生活方式支持。

第二，提供便捷性。使健康服务更容易获得，例如，在校园内提供定期的健康检查和咨询服务。

第三，宣传和教育。通过宣传和教育活动提高学生对健康问题的认识，并鼓励他们主动寻求支持。

综上所述，为了最大限度地满足学生的需要，高校可以将安全管理和健康服务整合在一起。这有助于提高学生的整体幸福感和成功。将安全管理和健康服务整合在一起可以带来一系列优势：一是综合性支持。综合性的学生支持系统可以更好地满足学生的多样化需求，无论是身体健康问题还是安全问题。二是协同工作。整合可以促进不同部门之间的协同工作，使学校的资源得到更有效的分配和利用。三是预防性措施。整合可以促进预防性措施的实施，以减少学生面临的潜在风险。四是学生参与。通过整合，学校可以鼓励学生更多地关注自身的安全和健康，增强他们的自我管理能力。

第二节　学生组织机构与课外活动管理

一、学生组织机构的管理

（一）学生组织及其与工作的关系

1. 学生组织及其职能。学生组织建设是高校学生管理工作中不可或缺的重要环节，也是高校学生锻炼能力、展示自我的绝佳舞台（孙绍华和高浩，2018）。

（1）学生组织的划分。第一，依据建制进行划分。学生组织根据其建制可以分为学生正式组织和学生非正式组织。学生正式组织是指由学校有关部门按照有关规定、根据工作需要组织成立的学生组织，或是学生在自愿的基础上按照学校学生组织组建的有关规定组织成立，并在成立后接受学校有关部门管理和指导的学生组织。学生正式组织往往是学校为了加强对大学生进行思想政治教育，完成学校教育教学目标和任务，按照国家和学校有关规定而设置的有统一的规章制度和纪律规范的学生管理单元，其成员有固定的编制、规定的权利和义务以及明确的职责分工。他们在学校的领导下，按照各自章程独立开展工作。还有一部分学生正式组织，如经申报成立的学生社团等是基于学生的共同兴趣爱好等需要而成立的，这类学生正式组织也需要在开展工作的过程中遵守学校的人才培养目标和相关管理规定。学生非正式组织又称学生自组织，是高校中部分学生未经相关学生管理部门批准，未到学生管理部门登记备案，仅基于某种群缘关系、兴趣爱好或共同利益而成立的学生组织。学生非正式组织虽然游离于体制之外，但在如今高等教育大众化的时代广泛存在于高校之中，其数量规模和在学生中的影响力都非常大。

第二，依据性质进行划分。高校学生组织根据其性质的不同可以分为政治性学生组织、群众性学生组织、志趣性学生组织和公益性学生组织。政治性学生组织是根据一定的政治意图、为完成一定的政治教育目标而建立的学生组织。群众性学生组织是学校对学生群体进行有效的行政管理及教学管理的重要载体，也是学生群体进行自我教育、自我管理、自我服务的基本单元，在高校主要是指大学生班级组织、学生会、研究生会组织。高校群众性学生组织往往由班级学生组织—院级学生组织—校级学生组织三个层级共同构成的自下而上的、上下结合的、相对完善而独立的组织管理体系。志趣性学生组织是学生基于个体的兴趣爱好、志向情趣而共同结成的学生组织，在高校主要是指大学生社团组织。高校学生社团开展的丰富多彩的文化生活和兴趣娱乐活动是高校校园文化的一道独特的风景线，在培养大学生个性化的志趣爱好、锻炼大学生管理能力方面发挥着重要作用。公益性学生组织是大学生积极参加社会公益活动、志愿服务社会的重要平台，在高校主要是指大学生志愿者服务组织。高校大学生青年志愿者通过青年志愿者组织的统一安排，利用自己的业余时间、专业技能、资源优势为学校、社区、社会提供非营利、无偿、非职业化的援助，志愿从事社会服务、社会公益与社会保障事业。

（2）学生组织的特征。学生组织在不断发展成长的过程中形成了自己的特征，具体如下。

第一，灵活性特征，主要是指学生组织由学生自己承担各项职务，而学生之间的关系具有多重性，在组织中既有领导与被领导的上下级关系，又有同学及朋友之间的情感关系。在处理各项事务及交往沟通中，这种关系的复杂性可以使学生组织在协调关系和处理问题上更具灵活性。

第二，发展性特征，主要是指学生组织中的学生处于储备知识和能力的阶段，在管理学生组织的同时，学生也在为自身的发展做实践积累。学生的积极性和实践性高于其他组织群体中的成员，并且他们在学生组织中获得的幸福感、愉悦感更加强烈。学生的积极性加上学生渴望积累经验以及成功的高期望能够促进学生组织发展，并使学生组织具备较大的发展潜力。

第三，受控性特征，主要是指学生组织，尤其是学生正式组织是高等学校组织结构中的一部分，因此，学生组织的各种行为、言论、发展方向、组织内容等在一定程度上受学校以及社会的各种引导和控制，自身具有一定的局限性。

第四，创新性特征，主要是指高校学生组织是由一群处在青年阶段，具有激情、活力和创新意识的大学生组成的，大学生这个特殊的年龄阶段决定了高校学生组织的发展具有更大的创新性，其受已有思维和办事模式的影响较小。

第五，自主与非自主相结合的特征，主要是因为学生组织既可以使学生充分发挥想象，处理和解决内部人员之间的关系，确立自身的发展理念，制订自身的工作计划等，又必须受控于学校各级组织的规定。

（3）学生组织的结构。由于高校学生组织在不断地发展，所以组织结构不可能一成不变。但不管组织结构怎样变化，它必须反映高校学生组织的目标和计划，向学生干部分配充分的、可利用的职权，适应高校学生组织所处的环境，同时配备恰当的学生干部。学生组织结构的影响因素如下：

第一，战略与结构。高校学生组织的总体战略和组织结构是紧密联系的，结构应该服从于战略，高校学生的组织结构也受制于组织战略的选择和定位。在高校学生组织建立之初，组织的战略较简单，只要求一种简单、松散的组织结构形式来执行这一战略。这时，组织的复杂性和正规化程度较低，决策可以集中在一个高层管理人员手中。当高校学生组织成长以后，它们的战略变得更有雄心、也更加复杂了，需要规模庞大、结构复杂、功能齐全的组织机构来承担组织的战略意图。

第二，规模与结构。高校学生组织的规模对其组织结构具有明显的影响。高校学生的组织结构与其自身规模的关系为：高校学生的组织规模越大，工作专业化、规章标准化、权力分散的程度就越高，但这种关系并不是线性的，随着组织规模的扩大，规模的影响力显得越来越不重要。

第三，环境与结构。高校学生组织所面临的外部环境也是组织结构一个主要影响力量。高校学生组织是存在于一定的环境中的，高校学生组织的外部环境必然会对组织结构产生影响。一般而言，学生正式组织结构在稳定、确定的环境中运作得更为有效；学生非正式组织结构在动态、不确定的环境中运作得更为有效。

第四，成员与结构。对学生组织成员持不同的人性假设则将产生不同的学生管理工作方式和手段，从而会形成不同的组织结构。同时，学生组织成员的兴趣爱好、学历层次、社会经验和综合素质都对学生组织的结构搭建产生影响。一般而言，学生组织成员学历层次越高、社会经验越丰富、综合素质越好，学生组织的结构就越稳定、越正式，其与社会的交往也就越频繁。

（4）学生组织的职能。学生组织具有构建学生组织机构、制定学生组织规章制度、进行学生组织人力资源管理、充分整合高校学生组织的资源、使高校学生组织协调运行、以实现高校学生组织目标等一系列职能。高校学生组织除具有一般组织的职能外，还具有其自身特殊性的职能。

第一，力量汇聚的职能。学生组织由特定的大学生组成，一定数量的学生因共同的目标而组合起来，他们为实现组织的共同目标和个人的发展目标而不懈努力，从而实现个人与组织间价值的互换。高校学生组织把单个薄弱的学生力量聚合在一起，从而避免各个力量间的相互抵消、损耗。高校学生组织通过学生间良好的交流沟通，同学间相互学习、相互帮助，使同学们自身的能力得以不断提升，促使组织中单个力量的汇聚，带动高校学生组织整体力量的放大。处于特定高校学生组织中的个体在参加组织活动的过程中取得了自己的预期目标，组织也从每个成员发展目标的实现中达到了自身目标，从而实现个人与组织间的价值交换，实现个人与组织的双赢。力量的汇聚放大、价值的互换功能构成了高校学生组织的一般性职能。

第二，思想教育的职能。学生组织是高校联系广大同学的桥梁和纽带。高校学生组织的桥梁纽带作用决定了高校学生组织具有协助学校有关部门对广大同学进行思想教育的功能。思想教育是培养和提升并发挥人主体性的社会实践活动。高校学生组织需要做到以下方面：一是组织讲座和研讨会。定期组织各种主题的讲座、座谈会或研讨会，涵盖社会、文化、伦理、领导力等方面。这些活动有助于学生开阔视野，培养批判性思维和思考能力。二是主题活动和文化节日。举办以特定主题为中心的活动和文化节日，如文化展览、庆祝活动或多元文化体验日，以促进学生对不同文化和观念的理解和尊重。三是心理健康和人际关系培训。提供心理健康方面的培训和支持，如压力管理、情绪调节、人际关系处理等，帮助学生更好地应对挑战和压力。四是志愿者和社区服务项目。鼓励学生参与志愿服务项目，培养其社会责任感和团队合作精神，同时加强其对社会问题的认识和思考。五是辩论和论坛。组织辩论比赛、论坛或意见交流会，鼓励学生表达观点、辩论并尊重不同的观点，培养逻辑思维和辩论能力。六是学生媒体和出版物。提供学生参与编写校园刊物、新闻报道、博客或其他媒体形式的机会，让学生有渠道表达自己的想法和观点。七是领导力培养和培训。提供领导力培训课程和工作坊，帮助学生发展领导能力、团队合作和解决问题的能力。通过以上思想教育的举措，学生组织可以促进学生的全面发展，培养其独立思考、社会责任感和全球意识，为其未来发展奠定坚实的基础。

第三，自主管理的职能。高校学生享有有限的自治权，学生有建立和参加学生自治团体的权利。在高校，学生成立的学生组织虽然无法参与学校重大事务的决策，但却有效地解决了学生实现自主管理的需求和民主参与学校管理的诉求。在现行的高校运行机制中，高校学生主要通过以下学生组织实现自主管理和参与学校管理：首先，通过班级这个基层学生组织实现自主管理和参与学校管理。班级是所有学生能够直接接触到的组织，也是学生参与学校管理的最基层机构。班级由于处于学校的最基层，因此也就能够听到最广泛、最真实的声音，能够将这些较为集中的声音上呈至相应的决策机构，这就最为有效地实现了学生参与学校管理的过程。其次，以学生社团为中介的参与机制。例如，社团举办的讲座和各类活动使学生参与到自我发展的管理之中，所以，高校中大量社团组织的存在是学生参与学校管理的最好体现。最后，通过学生会和研究生会组织参与学校管理。学生会和研究生会要广泛征求同学意见、听取广大同学的呼声并反映给学校有关部门，因此，学生会和研究生会又是学生利益的维护者。学生会和研究生会由部分学生干部主持其日常运行，因此，它也就成为学生参与学校管理的最为突出的标志。

第四，自我监督的职能。学生组织要不断加强自身建设，完善学生干部的选拔、培养、监督、考核、交流机制，使队伍建设向制度化、规范化方向发展。高校学生组织的民主性并不排斥组织负责人适当地监督组织成员为实现组织目标而努力。在实际监督过程中，高校学生组织的负责人不是简单地发号施令，而是平等、友爱地对组织成员进行引导、协商，营造一种和谐友好的组织氛围。

第五，自我发展的职能。学生组织不直接与物质生产及其他经济活动发生联系，尽管要进行职责划分与任务分工，但其权力范围要比一般组织小得多。学生组织的权限仅被限制在与自身发展密切相关的范围内，但又不涉及学生升学、就业等事关前途发展的事宜，其权力范围就显得比较狭小。以高校学生团组织为例，尽管通常认为学生团组织在高校中属于权力最大的学生自治机构，但是，团委设置的部门，诸如秘书处、组织部、调研部等相关机构也仅仅是负责活动的策划与组织、成员的培养与发展等工作。高校学生组织通过开展相关活动加强了高校与学生间的联系，提升了高校学生组织内学生干部的能力。因此，高校学生组织虽然权限范围较小，但其却具有培养其成员能力和提升其成员素质的发展功能。

2. 学生工作与组织的关系。在我国，学生组织是学校与学生之间产生联结的重要一环（王慧玲、黄晓翠和宋滟，2021）。学校组织的发展可以充分体现一所高校的"高校文化"，明晰高校学生工作与组织的关系对学生组织的发展有着很大的潜在价值。

（1）学生工作与组织的共同点。学生工作和高校学生组织拥有较多的共同点，具体如下。

第一，高校学生工作和高校学生组织拥有共同的目标，即为学生服务，将学生满意度作为自己工作的目标和宗旨，一切为了学生，一切从学生出发。高校学生工作和高校学生组织根据自己的实际情况，应该努力转变工作观念，牢固树立"以学生为本"的服务理念，坚持一切工作"以学生为本"，以学生的合理合法需求为工作考量，为学生提供更优质的服务。

第二，高校学生工作和高校学生组织的服务客体相同，它们一切工作的出发点和归宿都是学生，学生是他们开展工作的客体。一旦它们的工作脱离了学生，学生工作将不能尽到应有的职责，学生组织也将失去核心、失去存在的价值。

（2）学生工作与组织的区别。虽然两者有很多共同点，但是如果把两者等同起来，认为高校学生工作都是由学生组织来完成的，这样的看法也是不恰当的。高校学生工作和高校学生组织有以下区别。

第一，高校学生工作和高校学生组织的内涵不同。高校学生工作涵盖了学生学习生活等各个方面，学生工作的部分职能需要不仅由学生组织来承担，更需要与学校相关部门的通力合作，高校学生工作的责任主体是多元化的。对于高校而言，学生工作是一项复杂的系统工程，涉及学校的方方面面，不能靠少数人、少数部门，也不能将其看作是少数人、少数部门的事。需要各部门共同协作、共同完成，从而形成全员育人、全方面育人、全过程育人的良好局面。高校学生正式组织在按学校的规章制度和自身的章程履行职责时，服务的范围、受益的学生群体都是双方共同意愿形成的，应尽可能做到受益者的最大化。

第二，高校学生工作和高校学生组织的主要工作者不同，即所依靠的力量不同。高校干部及全体教师是学生工作的重要力量。学习是学生生活的重中之重，学生工作的主战场是课堂，教师的教书与育人职责是一个统一的整体，特别是要利用好课堂对大学生开展思想政治教育工作，不注重学生的思想政治教育将会影响大学教育教学的效果。全体教师除上好课外，应该高度重视育人工作，努力培养具有扎实专业基础和较高综合素质的全面发展人才。高校学生组织的工作主要由学生自己来承担，包括学生组织中的各级学生干部、组织成员等。学校选派的指导教师在学生组织工作中只起引导辅助作用，一方面，学生组织指导教师对学生组织的工作进行指导，使他们的工作更好地为学生服务；另一方面，指导教师是学生工作部门和学生组织进行沟通交流的桥梁，将学校有关部门的指示和要求传达给学生组织，将学生组织的发展规划和工作计划向学生工作部门反映并取得认同，从而使让学生组织能更好地在学校有关部门的指导下开展工作。

（3）学生工作与组织的联系。高校学生工作与高校学生组织之间既有许多共同点，又有许多区别，高校学生工作和高校学生组织还有着许多天然的联系。

第一，高校学生工作是高校学生组织存在的前提条件。学生组织从成立到整个运作过程都是以学生工作为己任。如果没有学生工作，学生组织则失去了存在的工作基础和前提。协助学校有关部门开展学生工作是高校学生组织的重要职责。

第二，高校学生工作与高校学生组织之间相互影响。如果学生组织不健全、组织结构混乱、领导不到位、组织内部缺乏凝聚力，高校学生工作就不能有序开展，依托学生组织为学生服务难以落实。同样，如果学生工作对学生组织的认识不准确、定位不清晰、目标不明确、工作效率低下、工作不到位，出现越位、缺位的情况，高校学生组织就得不到自我发展的空间，也就不能可持续地生存和发展下去。

第三，高校学生组织是高校学生工作得以顺利开展的重要载体。随着社会的进步及高校规模的不断扩大，高校学生工作面对的客体数量不断增多，且不同个体之间的差异导致学生需求的多样化。传统的管理方式，即由学校对学生进行的垂直管理、直接管理已凸显出诸多弊端；学生群体数量众多导致管理机构人员的匮乏，且由于管理机构本身处于金字塔的上层，与学生之间存在无形的障碍和鸿沟，沟通交流起来有一定困难，遇到突发事件时还有可能因为信息不对称引发新的矛盾。在这种情况下，高校学生组织由于自身所具有的独特功能和组织形式，无疑能弥补这一缺陷，在学校有关部门和广大学生之间起到桥梁纽带作用，使学生工作能顺利开展，且能保证学生的利益诉求得以及时表达和被倾听。高校学生组织和高校学生工作相辅相成，只有将两者协调起来，使它们有条不紊地依次开展工作，发挥它们的功能最大化效应，才能使学生的利益得到有力保障。

（二）学生组织设计与干部管理

1. 学生组织设计。

（1）学生组织设计的类型。

第一，功能导向型组织设计。功能导向型组织设计主要是从高校学生组织功能的角度来进行组织设计，要求将高校学生组织中从事相同或类似工作的学生干部集中在同一个职能部门。功能导向型组织设计的主要特点是各部门工作分工较细、工作效率高、强调专业特长和工作程序、部门内成员从事的工作大体相同。

第二，目标导向型组织设计。目标导向型组织设计要求将实现同一目标的学生干部集中在一个工作部门。一个部门的组建就是为了完成一个既定的组织目标。目标导向型组织设计的主要特点是各目标部门的任务可以是相同的，也可以是不同；为了实现部门目标，部门成员的配备是全方位的，每个目标部门配置的成员职责相近。

第三，项目导向型组织设计。项目导向型组织设计是一种现代化的组织设计，是以上两种组织设计的混合，要求从各职能部门中抽调学生干部并分派到活动项目小组中开展工作。项目导向型组织设计的主要特点是活动项目小组的任务一旦完成，该小组即行解散；职能部门和项目部门双重领导其成员，职能部门领导与项目部门领导之间容易产生冲突和矛盾，需要两类部门领导间经常保持沟通，共同解决冲突。

（2）学生组织设计的流程。

第一，制定合理的组织目标。组织目标是进行组织设计的基本出发点。高校学生组织的组织设计第一步就是要在综合考虑高校学生组织的外部条件和内部条件的基础上确定合理的总体战略目标及各种具体管理目标。当组织目标确定后，就必须对整个高校学生组织的全部工作进行深入细致的分析。

第二，确定具体的工作任务。根据高校学生组织的目标要求，对能够实现组织目标的各种活动和任务进行明确的分类，确定为实现组织目标所必须进行的具体管理工作。

第三，建立相应的组织机构。根据组织目标和工作内容，把性质相同或联系紧密的工作归并到一起集中处理，集中处理这些工作需要专门化的职能部门。在保证组织效率和控制成本的基础上，规划组织机构合理的职能部门类型、数量和相互间合作关系即管理组织形式，实现组织机构的层次化和部门化。

第四，设计明确的岗位职责。根据组织目标以及各职能部门工作的性质和内容，明确规定学生组织各职能部门及其负责人应承担的职能职责，编写职务说明书。

第五，选拔合适的工作人员。根据学生组织各职能部门的职能职责和各岗位的职务说明，招聘、选拔适合的学生干部并将其分配到合适的职务岗位上。同时，根据做好高校学生组织管理工作的实际需要，授予学生组织各职能部门及其负责人适当的权限。

2. 学生干部管理。学生干部是学生组织中的核心人物和先进分子，是增强学校、院系与普通学生之间联系的桥梁和纽带，是学校开展大学生思想政治教育与事务管理工作必须依靠的重要力量，是学生实现自我教育、自我管理、自我服务、自我发展的组织者和管理者，是学校各项教育管理制度和校风学风建设的具体参与者和实施者。因此，高校学生干部在学生思想政治教育和学生管理工作中起着不可低估的作用，他们的思想政治素质和组织管理能力的优劣直接影响到高校学生管理工作的成败。建立高素质的学生干部队伍，选拔是加强学生干部队伍建设的前提。把握好学生干部的选拔环节是提高学生干部整体素质的关键，学生干部的选拔是保证队伍高效精干的基础。学生干部必须具备良好的思想政治素质，高校应重视对学生干部的思想素质教育。培养学生干部高尚的道德情操，对学生干部进行思想教育，使其树立远大的理想，为国家和社会的发展和进步而学习。

（三）学生组织文化与制度建设

1. 学生组织文化的体系。

（1）学生组织文化的类型。组织文化的类型划分有多种方式，本质上这些划分并没有太大的区别。根据研究对象的不同，在此将学生组织文化划分为以下四个层次。

第一，物质文化。物质文化层是指组织文化的物质形态，是组织在发展过程中积累下来的，凝聚了组织深层文化精神价值的表层物化形式存在的总称。高校学生组织的物质文化通过外在活动和各种有形的具体的实物表现出来，既包括组织内可见可触的客观存在物，如文本档案、活动设备、网络设施等硬件；也包括可供欣赏的物质形象，如办公活动场所的风格、组织的名称、标志、标语口号等软件；还包括组织机构设置及成员的精神风貌和行为举止，如语言、服饰风格等。内涵丰富的物质文化既是学生组织的物质基础，也反映了学生组织的素质水平和创造能力。这是在师生中营造良好学生组织形象的重要途径，是学生组织文化建设中外在的、最容易表现的部分。

第二，行为文化。组织文化的行为层也叫组织行为文化，指组织成员在学习、工作、娱乐等活动过程中产生的活动文化，包括在组织运作、宣传培训、人际关系活动、文娱体育等活动中产生出来的文化现象。高校学生组织的行为文化使得组织成员的行为能够形成比较统一的、共有的模式。学生组织在营造行为文化时应建立组织行为的规范、组织人际关系的规范以及组织公共关系的规范，这是组织精神面貌的动态反映，也是组织价值观的折射。上至学生组织领导者、模范人物，下至学生组织的每位成员，都应具有个人所应承担的规范的行为特征。高校学生组织行为规范包含任务规范和社会规范两部分，任务规范规定了成员完成工作任务所需遵守的规则；社会规范涉及成员在组织中与他人交流时所需奉行的准则，如合作、友爱、关注他人的感受等。规范的制定和执行过程就是组织行为文化同化的过程。

第三，制度文化。制度文化在组织文化结构中处在中间层，是显性物质文化与潜在精神文化之间的纽带，同时也将行为文化规范制度化。高校学生组织的制度文化包括在管理中所制定的起规范保证作用的制度、方法以及由之产生的文化氛围。在高校学生组织中，制度文化的建设包括组织各项制度的外在存在形式及这些规章制度所遵循的理念。组织文化制度层约束和规范着精神层和物质层的建设，是价值观塑造的保证。

第四，精神文化。精神文化是指组织在长期实践过程中形成的，受一定思想意识和文化背景影响，为组织成员共有又比较稳定的内心态度、意志状态、思想境界和理想追求。高校学生组织的精神文化包括学生组织的组织精神、组织道德、基本价值观、精神风貌等，其中，尤以价值观为核心。相对于表层的物质文化、浅层的行为文化和中层的制度文化而言，高校学生组织的精神文化是组织文化结构的核心，它是物质、行为、制度文化的升华，是组织的上层建筑。这种精神体现了所有成员的意志和利益，是成员对组织的信任感和荣誉感的集中体现。

（2）学生组织文化的要素。

第一，核心要素——"服务同学"的组织价值。高校学生组织需依据自身特性，构建"服务同学"的价值观，为广大同学的成长成才服务，促进广大同学德智体美全面发展是高校学生组织存在和发展的基本出发点和落脚点。高校学生组织要树立服务同学、结交朋友、锻炼能力、施展才华、完善自我的价值观。此外，高校学生组织的成员都是由学生组成的，他们是朝气蓬勃的一代，因而高校学生组织的组织文化也不能缺乏学生独具的团结活泼、严谨勤奋的特色。同时，高校学生组织的成员作为具有相对较高文化素质的群体，是学校最具代表性的优秀学生，这样的组织更应体现当代大学生的先进性，注重开拓进取、求实创新的理念。

第二，中心要素——"以人为本"的组织理念。马斯洛的需求层次理论认为，人的需要可以基本分为生存的需要、安全的需要、社交的需要、尊重的需要和自我实现的需要。高校学生加入学生组织、成为学生干部也可以依据马斯洛的需求层次理论进行分析。一般而言，大学生加入学生组织、成为学生干部的需要也是多元的。有些学生加入学生组织是基于获得一段学生工作经历和履历的需要，并为未来职业选择获得一定的砝码和敲门砖；有些学生加入学生组织是基于想在学生组织中结交到志同道合的朋友，扩大人际交往圈，并在工作中获得团队、朋友的关心、支持和尊重的需要；有些学生加入学生组织是基于在学生组织中锻炼自身的工作能力，并在参与学生组织的工作中实现自身价值的需要。由于学生组织工作的无偿性，学生干部一般无法从此处获得直接物质性的奖励，所以也有一部分学生参加学生组织时是具有利他主义精神的，即他们大多抱着奉献自我、服务他人的心态从事学生组织的工作。因此，高校学生组织应该让各种各样的个性差异、个体需求在本组织的文化中有更多生存发展的空间。

高校学生组织要满足组织成员的多种需要，要满足服务对象的更多需求，就必须建立"以人为本"的组织理念，更多地站在组织成员的角度和服务对象的角度去思考问题、去安排工作、去设计活动。具体而言，要做好以下方面工作：一是尽力营造出一种可使成员全身心投入工作、迎接挑战的积极的工作氛围。良好的工作环境非常重要，通过调整岗位和团队结构，使其始终处在兴奋状态，工作能力才能得到不断提高。二是要在保证公正、公平的前提下，通过经济、精神或晋级培训等个人发展方面的奖励手段，有效激励成员，使其取得更加优异的成绩。三是积极地提供给成员以重要工作，使其承担更多的责任，提高其责任心，为组织整体的成功作出贡献。四是任人唯贤，为能力出众的成员提供施展才华的机会，使他们在发挥自己潜能、实现抱负的同时，形成对全体成员的一种正向激励引导。五是主动地、经常性地开展调查研究，掌握服务对象的准确需求，根据服务对象的需要来制订计划、开展活动。同时，要对每一项活动的效果进行事后评估，要以服务对象欢迎不欢迎、满意不满意、支持不支持为标准评判高校学生组织的工作，并作为以后改进工作的依据。

第三，关键要素——"团结友善"的组织氛围。组织文化的重心在"文化"，它必须依照文化的规律发挥其作用，因而它也具有文化所具的软性或隐性特征。与资金、设施等外在的硬件要素相比，组织文化这种组织软件要素更为重要，它对组织的生存和发展更具有决定意义。组织，不仅是一种实体存在，它不仅提供给成员生存发展的场所，而且使成员满足心理上的社会归属需要。

高校学生组织工作是无偿性的工作，高校学生组织没有外在所提供的经济利益条件加以刺激，这就更需要内在的认同感将每位成员联系在一起。高校学生组织依靠显性的有形载体，使存在于组织成员中的群体心理定式形成一种无形的信念力量和组织氛围，使每个成员的行为选择接受组织文化的无形制约。高校学生组织要通过柔性的价值观、组织精神、理念观念等文化要素的引导，建立起平等友爱、团结友善、沟通协作、和谐发展的组织氛围，自动地调节成员的行为和心态，并逐渐将组织目标内化为成员的目标，形成一种无形的信念力量，在群体间产生巨大的协同力。

第四，重要要素——"造就英才"的组织使命。组织文化产生于特定的时代背景中，是时代精神的反映，同时也会随着组织内外环境的改变而不断优化和变革。因组织本身的性质功能各异，各组织的价值目标及使命自然也有差异。高校学生组织以学生为基础，作为先进文化的代言者和时代精神的塑造者，高校学生组织的学生干部们理应成为中国前进的后续推动力，是未来希望的承接者。因此，在这样的时代要求下，高校学生组织的组织文化应该体现出崇尚学术、传承文明、造就英才、服务社会的使命。通过学生组织各方面的历练，锻炼学生综合的素质和能力，不断向社会输送优秀的人才。

（3）学生组织文化的功能。组织文化对组织及组织成员的影响是多方面的，综合而言，高校学生的组织文化具有以下功能。

第一，高校学生组织文化的内部功能。

一是凝聚功能。组织中的人作为能动的行为主体，仅仅靠硬性的规章制度来对其进行管理，具有一定的局限性，甚至产生副作用，而组织文化这种软实力则刚好抵消了这种负面影响。学生参加到一个学生组织的工作中，会逐渐适应组织的内外环境和组织文化，把组织的观念和价值体系内化为自身的价值观念。以组织价值观、共同目标和行为准则等形式出现的组织文化，本身已寄托了组织成员的理想和要求。当组织文化获得组织成员普遍认可，成为一种群体意识后，便使成员产生一定的身份认同感，如一支黏合剂，将成员从各方面团结起来，改变原来的从个人角度建立价值观的散沙状态，从而产生巨大的凝聚力和向心力。高校学生组织文化的凝聚功能主要包括组织成员对组织的认同感、组织成员之间的认同感、对自我的认同感。有了认同感才有凝聚力。当组织成员目标一致时，他们能够积极地参与到组织事务中。他们坚信组织比自我更重要，在基于组织认可并接受的前提下充分发挥个人的聪明才智，也增强了其对组织的忠诚度和满意度，从而加强了高校学生组织系统的稳定性。

二是导向功能。组织文化所强调的并不是纯粹的职业技能、技术操作、成员素质等方面的训练，也不是一般意义上的思想政治教育，而更倾向于成员价值、观念和行为方式的建构和教化。组织文化一旦形成，就建立起自身的价值、精神和制度规范，它将产生一种定势，这种定势必将使成员向组织的理想目标靠近。组织文化使其成员明确了解组织的核心价值观、组织氛围、组织使命，从而使得成员的工作目标以组织的发展目标为导向。高校学生组织文化的导向功能分成两种作用力，从避害角度告诉成员何为不许可，从趋利角度告知哪些行为会受鼓励。对大多数成员而言，学生组织的价值观已成为共识，这种导向功能建立在自觉自愿的基础上，使其成员潜移默化地向着学生组织共有的价值观靠近，担当起其应该扮演的角色，同时也使得学生组织成员无意识地用基本一致的舆论倾向解释组织的行为事件。

三是激励功能。所谓激励，是指采取有计划的措施，对组织成员给予一定的刺激，从而引发其产生某些心理反应、作出预期的行为，以达到组织想要达成的目标。组织文化是以人为中心的，它的一切内容都围绕组织中的人所定。满足了成员的多重需求，这种文化便可产生激发、教导、鼓动和推进作用，它不是靠外在的推动发挥作用，而是通过内在的引导。高校学生组织具有的积极向上的价值观念和行为准则将形成强烈的使命感、产生持久的驱动力、成为每位成员自我激励的一把标尺。这可以充分激发学生干部的潜力，调动其积极性，使人产生一股内在的动力，朝着学生组织所期望的共同目标前进。高校学生组织文化的激励作用最大限度地激发了成员的积极性和创造性，其作用结果往往可以呈现某种放大或缩小效应，从而使行为具有更剧烈、更明显的效果。

第二，学生组织文化的外部功能。高校学生组织文化除了具有凝聚、导向、约束、激励等内部功能以外，也具有影响着组织外部环境的外部功能，其主要表现为学生组织识别标识和学生组织形象塑造功能。高校学生组织的组织文化在组织发展过程中使成员获得了共同的价值观念，它引导着成员的思维、言论及行为，使每一个学生组织都表现出各自的文化特色，从而与其他学生组织区分开来。学生组织的组织文化一旦形成，不仅对组织内部成员发挥作用，其鲜明的个性特征也将通过各种渠道传播开来，在公众面前树立起良好的组织形象，让外界更多地了解、认识该组织，从而取得社会的普遍认可。优秀的学生组织文化的辐射面更加广大，甚至影响外在社会的价值观。良好的组织文化对组织产生正向作用，病态的组织文化则具有反向作用。高校学校组织的组织文化同样具有上述的双向作用。如何积极地开发和成功地塑造学生组织文化，发挥它的凝聚、导向、约束、激励及其外部标识、形象塑造功能，使其资源能够得到最充分有效的利用，是任何高校学生组织都亟须考虑的问题。

2. 学生组织的制度建设。制度建设是学生组织文化建设的重要组成部分，规章制度在学生组织的建设和发展过程中具有重要的规范和指导作用。所以，在营造高校学生组织物质文化、行为文化和精神文化氛围的同时，加强学生组织的规章制度建设具有重要意义。制度文化是组织文化复杂整体中的一个子系统，是组织文化的规则层面和秩序系统。高校学生组织规章制度是指对学生组织中成员的行为可能发生制约作用的各种规则和规范形态的总和。高校学生组织的制度文化为组织成员的行为活动提供了钥匙或模式，其具体内容包括三个层面：一是学生组织传统、习惯、经验与知识积累形成的基本层面，如传统作风、活动规则、工作契约等；二是由学生组织管理者理性设计建构的高级层面；三是学生组织为保证制度得以实行和发挥作用而采取的手段、工具或其他措施等实施机制层面。高校学生组织规章制度建设需要将三个层面的内容有机统一起来。

（1）学生组织制度建设的原则。如何使组织成员在规则制度这一环境的熏陶、训练和强制下，将各种活动习惯转化为自然，把外在的理性之物转化为内在的理性之物，从而"从心所欲而不逾矩"，这就要求高校学生组织的制度建构过程需要遵照以下三个原则。

第一，普遍适用性原则。规则不同于个别性、特定性的命令或决定，而是一种包含着普遍性的容许或禁止人的活动的规范，它不仅反复多次适用，而且适用于整个学生组织。在规章制度所涉及的范围内，不存在不受规则影响的主体，它把学生组织活动及结构中的主要领域纳入了自己调整的范围。因此，规则对学生组织关系的调整不是个别调整，而是规范性的一般调整。高校学生组织制度规则的制定必须使用具有较大综合性和包容性的术语。即使存在超出整体范畴的内容，在表述中也应有所提及。

第二，可供操作性原则。高校学生组织规则制度具有通过一定操作程序而确切地加以执行、使用和遵守的特性，它不受行为主体的任意说明与解释的控制和支配。高校学生组织制度文化是组织活动有序化的关键，其价值在于规范成员的行为，因此，高校学生组织的制度规则是科学的、肯定的、明确的，所设定的权利与义务必须是具体和确定的。同时，其设定的自由裁量范围不宜过大，否则会因不易操作而产生不公正的结果。

第三，规则一致性原则。高校学生组织制度规则的一致性就是指规则之间的不矛盾性、协调性及和谐性。尤其对同一类主体所使用的规则，必须保持逻辑上的一致性，不能出现同一层次规章制度之间相互冲突的现象。此外，高校学生组织制度文化的规则还应具有稳定性，必须保证一定时间内确定不变，便于为大家熟知，这是制度文化保持其权威性的根本所在。

总而言之，高校学生组织规章制度建设应根据自身需要，通过有目的地对组织成员进行能动作用和改造，使其发生符合制度文化理念需要的改变，达到对制度的真实理解和把握。

（2）学生组织制度建设的作用。

第一，规范组织成员行为。制度文化通过一系列规则规范为组织成员的活动或行为规定了限度，这个限度既包括权利与义务的明晰，也对人的活动空间和行为范围做了界定，它规定了哪些能够和可以做，哪些不能和被禁止做，从而形成其行动的界限。无权利意味着人们不能承担义务，无义务则意味着人们可以滥施权利，两者都会导致组织活动秩序的失范和混乱。

第二，整合组织价值观念。作为组织文化核心的价值观念一般无法被人直接感知，而需要依靠一定的实体，这就要求它必须与一定的规则规范相联系，并在制度文化自身形成和规范人的活动中发挥重要的作用。高校学生组织制度文化的具体安排与操作也受一定的价值观念的支配。在很大程度上，高校学生组织制度是一定学生组织价值理念的具体化，是一种结构化、程序化了的学生组织价值观。反之，高校学生组织价值理念就通过制度的程序化过程而得到体现、推广与弘扬，从而引导学生组织成员对组织价值观的认知、接受与实行。

第三，形成组织激励和约束。制度文化正是通过激励机制来鼓励组织中各种行为主体自觉地维护组织秩序，将随意性的激励演变为一种规章制度，意义更加深远。高校学生组织成员在已知的制度限度内办事，在某种程度上也获得了充足的空间以展现自身的主动性和创造性，充分发挥个人潜能。另外，高校学生组织制度规则的约束可以规定组织成员行为的方向，改变其偏好，影响其行为选择，从而达到组织的和谐与稳定。其具体方式表现为自律和他律两种，自律是通过内化的思想意识、价值观进行说服教育，是一种普遍存在的方式；他律则是依靠外部权威强制执行。

第四，预设主体行为目标和结果。制度的相对稳定性使得成员可以事先感知遵守或违反制度规则的行为后果。高校学生组织制度建设提高了信息的透明度，使从事活动的主体可较快地形成比较准确的判断。借助这些信息资源，高校学生组织成员了解了行为程序和规则，可预见只要符合规则规定的条件，就不会受到阻挠，并达到预期的目标，从而可以确定行为和活动计划。同时，高校学生组织制度通过规范性调整机制，有效地减少组织成员之间的矛盾，规范人们之间的关系，减少了信息成本及不确定性。

（四）学生组织战略与目标管理

1. 学生组织战略的管理。

（1）学生组织战略规划。高校学生组织战略规划是战略规划在高校学生组织中的应用与实践，是贯穿于高校学生组织建设和一定发展时期的一切重大决策的指导思想及其事关高校学生组织整体、长远利益的重大目标的规划与谋略，是一种现代高校学生组织管理理念，也是一种新的高校学生组织管理方式。高校学生组织战略规划是高校学生组织的战略制定者站在高校学生组织整体、长远利益的角度上，在全面分析高校学生组织的环境（包括该组织的内外环境条件、机遇与挑战、优势与弱势）的基础上，制订高校学生组织的战略计划，并充分整合高校学生组织的资源实施其计划，并在实施的过程中严密地督察环境动态、反馈和评价其实施的结果，以实现高校学生组织总体目标的不间断的动态管理过程。

第一，高校学生组织战略规划的特征。

一是全局性特征。高校学生组织战略规划需要对组织的内外环境进行全面、系统的评析，充分调动组织的各种资源来实施战略，以达到组织的战略目标，高校学生组织战略规划是一种综合性的规划，是对高校学生组织的全面管理、全局管理、全程管理。

二是竞争性特征。现在的社会无时无刻不充满着激烈的竞争，高校学生组织要求持续发展，就必须形成自身特有的竞争优势即（核心竞争力）。为此，高校学生组织必须根据现有的资源条件，进行有效的资源配置，强化特色意识，培养其核心竞争力以提高组织自身的竞争力，从而保持长久、旺盛的生命力。

三是创新性特征。创新是组织发展的不竭的动力，也是组织发展的源泉。高校学生组织战略规划要求高校学生组织一定要有战略眼光，不断创新，以求得组织的发展。由于环境的不确定性、复杂性和动态性，高校学生组织必须要能创新，以实现与环境的匹配，从而获得自身的发展。

四是指导性特征。高校学生组织战略规划描述并规定了高校学生组织在一定时期内基本的战略目标以及实现这一目标的基本途径，它指导和激励全体组织成员为之努力奋斗。高校学生组织发展战略规定了组织发展的方向，高校学生组织的每一项具体计划与行动都是为了实现其战略目标。

总而言之，高校学生组织战略规划旨在通过确立高校学生组织的发展目标，界定特定的高校学生组织的优势与弱势、机会与挑战，通过突出高校学生组织自身的特色，形成核心竞争力，从而实现高校学生组织的目标，真正实现促进高校教育教学工作的顺利开展，起到联系高校与学生之间的纽带作用，提高高校学生组织的自我教育、自我管理、自我服务、自我发展的水平。

第二，高校学生组织战略规划的作用。学生组织是大学生自我肯定、自我发展、自我实现的独特舞台，是高校文化活动的重要平台，是高校发现人才、培养人才、锻炼人才的有力工具，同时也是凝聚高校学生的向心力、增强爱校情结的有效途径。要充分发挥高校学生组织的功能，就需要在高校学生组织的管理工作中运用战略规划这一科学的管理方法与技术，使高校学生组织站在战略的高度及其层面上，主动地塑造自己的未来，而不是被动地对随时变化的环境作出反应。高校学生组织战略规划的最主要的作用就是通过运用全面、系统、富有逻辑性和理性的战略选择方法制定更好的高校学生组织的发展战略，以实现组织的宗旨与使命。沟通交流在高校学生组织战略规划中起着举足轻重的作用，通过高校学生组织中的成员参与决策，使组织中的每个人都正确理解组织战略，以增强组织中每个成员的责任感和归属感。良好的交流沟通是高校学生组织的黏合剂，它将组织的各个个体紧紧地黏合在一起，使之共同为所在的组织的发展而不懈努力。另外，通过高校学生组织的管理者和成员参与战略的制定，使广大的学生感受到组织战略的魅力，不断地提升自己的素养。在此过程中，每位同学都使自身的能力得到锻炼，从而带动整个学生组织的素质的提升。具体而言，高校学生组织战略规划有以下的作用。

一是高校学生组织战略规划可以帮助高校学生组织制定最佳的战略。在高校学生组织的战略选择过程（也就是评估备选的战略方案，再从中选择一个最佳方案的过程）中，使用了更为系统、富有逻辑、有理论依据的方法，以使高校学生组织发展扬长避短、趋利避害，帮助高校学生组织制定出最佳的战略。

二是高校学生组织战略规划可以帮助高校学生组织明确责任、激励人才。明确高校学生组织与部门之间、部门与个人之间的责任，在遵循组织层级的基础之上合理授权，激发高校学生组织成员的工作热情，使其更好地为同学服务。授权有利于决策的科学化，又能在高校学生组织内部更好地实现分工与协作，从而使其相应的职责更加明确化。与此同时，授权有利于组织成员的积极性与创造性的激发，有利于培养组织的管理人才。

三是高校学生组织战略规划可以帮助高校学生组织识别、重视和利用机会。我国目前正处在社会的重大变革时期，这就要求高校及其高校学生组织紧随时代步伐进行改革与创新。

四是高校学生组织战略规划可以将高校学生组织的不利条件和变化的影响降低到最低程度。在高校学生组织的战略制定过程中，要对特定的高校学生组织所处的环境做系统、全面的分析，因此，制定的战略一定是理论上的最佳战略，也就是能充分发挥某个特定高校学生组织的优势、能最大限度地利用环境中的机会，而将其劣势和面临的威胁降至最低的战略。

五是高校学生组织战略规划有利于构建高校学生组织内部有效的沟通体系。高校学生组织战略制定的过程并不是一个人的拍板决策，而是一个集体参与、集体决策的过程。即使是最后的决策由个人作出，环境的分析也是一个集体的行为。另外，对于高校学生组织特定战略实施而言，注重的是整个组织的运作，这就要求高校学生组织的各个部门之间、各个小组间进行横向、纵向的沟通与协调，加快信息的流通速度，以使高校学生组织有更强的环境应对能力。

六是高校学生组织战略规划可以将单个高校学生组织成员的独立行动整合为整个组织的努力。特定的高校学生组织战略规划围绕着特定的高校学生组织战略目标，在统一的战略思想的指导下，对某个高校学生组织的各种资源进行整合，把组织中独立的行动整合、凝聚为整个高校学生组织的行为，发挥出 $1+1>2$ 的功效。

七是高校学生组织战略规划可以使高校学生组织的重大决策更好地支持已建立的高校学生组织的战略目标。除了在环境发生巨大变化的情况下，高校学生组织的活动都应以战略目标为中心，通过适当授权，使高层管理者花更少的时间和精力来纠正错误，而有更多时间和精力来作出重要决策，从而更好地支持高校学生组织的战略目标。

（2）学生组织战略目标。学生组织的战略目标是特定学生组织的战略性定位、使命与宗旨、愿景陈述（共同愿景）的展开及具体化，是高校学生组织宗旨中确认的组织活动目的、社会使命的进一步阐明和界定，也是高校学生组织进行特定的战略管理所要达到的水平的具体规定，对组织战略制定和实施起直接的指导作用，是最终评价战略规划整个过程是否成功的衡量标准。高校学生组织战略目标要有具体时间、确定的内涵、清晰的表述、可计量的成果、明确的责任。每一个战略目标都应包含三个基本要素：明确的主题、预期的效果、完成的时间。只有具备这三个要素，才能说是清晰的战略目标。逐一实现高校学生组织的战略目标是整个高校学生组织战略规划成功的保障。

第一，学生组织战略目标的类型。

一是人才吸纳培育战略。高校学生组织的学生干部应该是全校学生中的精英和骨干，是各方面工作的人才。高校学生自愿加入高校学生组织有很多的内在动机与原因，但多数人都是抱着服务同学、完善自我的动机而加入高校学生组织的。高校学生组织应树立人才吸纳培育战略，着眼于提高组织成员的各种素质（尤其是组织成员所缺少和较薄弱的能力），以吸引更多优秀人才，为高校的教学教育服务，为广大同学的成长成才服务，从而提高高校学生组织的竞争力，培养更多适应未来社会的精英人才。

二是组织工作格局战略。组织的工作格局是指一个组织所开展工作的范围和内容。高校学生组织的工作格局就是一个学生组织在何种范围内开展哪些工作项目的总和。高校学生组织的工作格局是由高校学生组织的性质和职能决定的，是学生组织在长期的发展过程中逐渐形成的工作传统和项目设置，是规定学生组织建设和发展的总体框架。高校学生组织要树立组织工作格局战略，明确自身组织发展的边界，形成与其他学生组织差异化、优质化发展的局面，并形成传统、坚持创新。

三是管理能力建设战略。高校学生组织是一种特殊的学生服务组织和人才培养组织，既是服务型的学生性群众组织，又是培养学生干部领导能力、组织能力和管理能力等综合素质的人才培育组织，同时，高校学生组织实际上还承担着一些协助学校有关部门开展管理的职能，这些都要求高校学生组织应树立管理能力建设战略，提高组织成员的管理能力，综合应用计划、组织、领导、协调、监督、创新等管理手段来促使组织的各种资源得到最优配置，从而实现组织的目标。

四是组织形象建设战略。组织形象是组织的内在气质的外在表现，从组织的形象能看出一个组织的总体素质与核心价值观。学生组织形象是展示学生组织的精神内涵和工作面貌的形象象征，包括学生组织的理念识别、行为识别与视觉识别。高校学生组织要树立组织形象建设战略，提升组织的素质修养，从而把高校学生组织的整体形象提升到更高层次。在建设高校学生组织形象时，还可以采用树立学生组织品牌活动的策略，通过品牌活动的开展，给学校、同学、所在社区、地区组织留下深刻影响。

五是组织文化塑造战略。文化是组织的精髓，组织的文化氛围影响着组织成员的行为态度和工作方式，也影响组织成员的工作效率和工作结果。组织文化是一个组织的精神内涵和价值取向，是凝聚一个组织长远发展的软实力，表现为组织成员的思维模式、精神风貌和行为习惯。因此，高校学生组织应树立组织文化塑造战略，努力营造一个良好的组织文化氛围，使学生组织成员形成良好的价值观念，形成学生组织强大的凝聚力量。

六是公共关系塑造战略。高校学生组织不是孤立的存在体，它与社会发生着紧密的联系，向上涉及学校有关部处，向下广泛联系所有的高校学生，并与学生的诸多利益密切相关，各个学生组织之间也发生这样或那样的联系。高校学生组织想要得到更好更快的发展就要树立公共关系塑造战略，建立组织良好的公共关系，进一步拓宽公共关系渠道，充分利用各种公共关系资源，从而为学生组织的建设和发展服务。

七是学习型组织战略。学习型组织是一个不断创新、不断再造的组织。学习型组织的核心内容包含共同愿景、团体学习、系统思考、改善心智模式、自我超越五项修炼。高校学生组织树立学习型组织战略，一要营造一种自觉自愿、浓郁开放、经常互动的学习氛围，在这种氛围中，每个成员都能主动学习与学生工作相关的知识，相互学习彼此之间的长处和优点，有强烈的自我完善的欲望和意识；二要通过经常性学习和知识更新激发学生组织每个成员的创造性思维，提升其分析问题、解决问题的能力；三要通过学习和创造，打造一种与传统组织截然不同、充满活力和自我成长氛围的新型学生组织，从而实现学生组织的变革和发展。

八是服务型组织战略。为广大同学的成长成才服务是高校学生组织存在和发展的出发点和落脚点，也是高校学生组织价值的基本内涵之一。高校学生组织要树立服务型组织战略，充分发挥好联系高校与同学之间桥梁与纽带作用，坚持贴近学生、贴近生活、贴近实际的"三贴近"原则，要从广大同学的实际需要和切身利益出发，制定组织的战略、规划组织的工作、设计组织的活动。

九是持续性发展战略。高校学生组织战略规划的根本目的就是在于求得组织的可持续发展。持续性发展战略要求我们用联系和发展的眼光看问题，而不能用静止的、形而上学的观点来对待高校学生组织的工作。高校学生组织想要树立持续性发展战略，就要增强工作的可持续性、创造性，要注重学生组织的规章制度建设，不断发展和完善学生组织的制度文化体系；要注重学生组织的档案保存与管理，为每一届学生组织工作的开展提供经验参考体系；要注重学生组织干部的可持续发展，建立以感情留人、以事业留人、以公平竞争为前提的职务晋升留人、以业绩实效为基础的物质精神奖励留人的干部选聘激励机制；要注重组织文化的传承性，努力创建以人为本、平等关爱、团结友善、协作沟通、和谐发展的组织文化体系。

十是创新性发展战略。高校学生在学生组织工作中会由于环境的变化与复杂而碰到以前的工作和学习中所没有遇到的难题，这就要求学生组织成员学会运用创新精神来解决问题，运用以前所没有用过的思维方法来解决难题，从而提高工作效率。培育高校学生组织核心竞争能力的关键在于创新。高校学生组织应树立创新性发展战略，组织成员在工作中要勤于思维，乐于思考；学生组织在工作中要敢于否定陈腐的方法，打破传统的限制，求新立异，不断开拓新的工作格局。

第二，学生组织战略目标的特征。学生组织战略目标与其他目标相比具有以下特征。

一是全局性特征。高校学生组织战略目标是一种宏观目标，它是对高校学生组织全局的一种整体理想和设想。

二是长期性特征。高校学生组织战略目标是一种长期目标，它是对组织未来发展状况的设想，要经过组织成员坚持不懈的努力才能够实现。

三是激励性特征。高校学生组织战略目标的设置应体现"跳一跳、够得着"的原则，目标既不能太高，又不能太低，目标本身要能对高校学生组织的成员起到激励作用。

四是可接受性特征。战略的实施和评价要通过高校学生组织内部成员来进行，因此，战略目标的设定必须考虑高校学生组织成员的接受度。高校学生组织战略目标必须表述清楚、无歧义，从而易于被人理解和接受。

五是可分解性特征。高校学生组织战略目标是对高校学生组织发展的总要求的具体化，应能继续分解成某些具体目标、具体任务。只有把高校学生组织战略目标进行分解，才能使其具备可操作性，才能实现高校学生组织的宗旨与使命。

六是可考核性特征。高校学生组织的目标应该是能被考核的，只有通过考核，才能检验高校学生组织战略规划的成败。

七是相对稳定性特征。高校学生组织的战略目标必须具有相对的稳定性，以使高校学生组织成员的行动朝着组织目标不断努力。战略目标可以在实施的过程中被修改和完善，但要坚决反对对战略目标进行经常性的、较大幅度的改变。

第三，学生组织战略目标的层次。学生组织的层级性决定了高校学生组织战略目标的层次性，不同层级的学生组织应该有不同的战略目标。具体而言，高校党委学生工作部门、团委等部门应该制定一份本校学生组织建设和发展的整体性战略目标；校级学生会、研究生会、学生社团组织、青年志愿者协会等校级学生组织都应根据本校学生组织总体战略目标分别制定各自的战略发展目标；院系对应的学生组织应以上述两个战略目标为依据设定适合自身的战略发展目标；学生党支部、团支部、班级等基层组织也应该根据学校人才培养的目标和不同学生基层组织的性质制定适合本组织发展的战略目标。

高校学生组织总体战略发展目标是高校学生组织的整体性、综合性战略规划的核心，它是高校学生组织发展战略的制定者在充分考虑和整合高校学生组织外部环境优势条件和组织自身资源能力的基础上，确定高校学生组织的战略定位、宗旨、愿景、战略管理的目标等问题。高校校级学生组织战略目标、院系级学生组织战略目标和学生党支部、团支部、班级等基层组织战略目标都是在总体发展战略下设立的分战略发展目标。分战略发展目标是总体性战略目标在各级学生组织中明确化的结果，为总体战略目标服务。总体战略目标指导和规定着下设的战略目标，同时，总体战略目标又要以下设的战略目标为基础。总体战略目标与下设战略目标是统一的、紧密联系的、相互支持的有机系统。

2. 学生组织的目标管理。高校学生组织目标管理是目标管理理论在高校学生组织管理中的实践，其基本程序与其他领域目标管理相类似。高校学生组织目标管理是指高校学生组织管理者引导组织全体成员共同确定各个层次的组织目标及其体系，并以此目标体系为引导，明确责任，发挥组织成员的主动性和能动性，为实现预期目标而采取行动，并检查和评估目标完成状况的动态管理活动。

高校学生组织目标管理是一种主动的管理方式，属于系统管理方法的范畴，围绕业已确定的目标开展一系列的管理活动，它要求高校学生工作部门引导高校各级各类学生组织共同确定全校学生组织工作总目标及体系，并以这个总目标为指针，确定各单位的分目标。学校各级各类学生组织在获得必备资源、授权以及对应职责的前提下，积极主动开展自我控制、自我管理，为承诺的目标而自觉奋斗，从而使学生工作的总目标得以实现。高校学生组织实行目标管理，实质上是引入一种主动管理机制，是高校学生组织管理改革的必然选择，其目的是挖掘和开发组织成员的潜能，从而提高学生组织的管理质量、服务水平和办事效率。目标管理将高校学生组织工作任务具体化为任务指标，规定相应的标准并配以奖惩细则，以此来约束和激励学生组织成员围绕高校学生组织发展总目标而积极工作。

高校学生组织目标管理是一种管理发展，是高校学生组织管理者为了实现高校学生组织管理总目标，经过反复实践、不断总结形成的、趋于科学的目标体系，从而客观确定学生组织各个层面、各类人员的权责范围，订立相应的成果评价标准，充分调动和发挥他们的主观能动性和创造精神，并对目标实现过程实行督导和控制。高校学生组织目标管理以设立目标为手段，充分体现竞争性和激励性，体现团结协作精神，是上下级人员的共同合作。高校学生组织目标管理具有可操作性强、可执行性强、有明确任务期限、评价标准及考核办法等特征。在高校学生组织管理中广泛推进目标管理，具有十分重要的意义。

（1）高校学生组织目标管理具有行为导向作用。高校学生组织目标以未来社会对学生的需要为出发点，把高校学生组织总目标作为学生组织成员的日常行为方向。激发学生干部的工作积极性，通过适当鼓励与引导，使学生干部主动投入学生组织的管理中，将个人目标与组织目标协调一致起来。

（2）高校学生组织目标管理具有统一行动作用。高校学生组织系统总目标明确以后，各子系统围绕这一目标采取统一行动，并根据分解后的各自目标采取相应的策略和方案。没有共同目标的制约，会出现更多的障碍，甚至管理混乱，确立共同的目标，则各组织之间就可以形成一种协调配合的局面。没有分解目标，就没有总目标的实现基础。目标管理是一种综合计划和全面考核管理，能发挥每个人的作用，提高组织的整体战斗力。高校学生组织管理是围绕服务高校教育教学、服务高校广大学生的总目标，根据学校和学生的实际需要来确立的。就高校学生组织工作而言，高校学生组织管理的总目标就是一个综合计划目标，其他任何目标都必须用这个总目标来衡量，这就要求下级制定的目标必须保证实现上级的目标，这样就把每个层级、每个成员的力量集中到完成总目标上来，使总目标的顺利完成有了可靠保证。同时，目标管理又是一种全面考核的管理，它要求管理目标必须全面保质保量地完成，因而，对发挥每个人的作用、提高组织的整体战斗力具有促进作用。

（五）学生组织机构的多元管理

1. 学生会组织管理。学生会是由全体学生组成的学生群众性组织，高校学生会是指由学生会主席团及其职能部门构成的学生教育、管理、服务性学生组织。高校学生会的领导机构一般由民主选举产生，在学校学生工作部门或团委的指导下开展工作。高校学生会是广大学生的代表机构，是学校、院系了解学生学习和生活的得力助手，是教师与学生之间进行沟通的桥梁和纽带，它以大学生的自我教育、自我管理和自我服务为核心，参与学校及院系的管理工作，维护学生的合法权益。

（1）学生会组织管理的主要方法。

第一，高校学生会的管理是在指导教师的指导下进行的自我管理。学生会自身的组织特点决定了其管理以自我管理为主。学生会的自我管理包括两个层面的含义：一是学生会通过选拔学生会干部对日常事务和各项活动的开展进行管理；二是组织内部成员应该根据自身所担任的职务认真履行职责。学校管理者只充当引导者、协调者的角色，让学生会尽快进入自我管理的状态，自己制定相关的管理体制和运行机制，保证工作的顺利开展。

第二，高校学生会在管理中一般采取部长负责制和项目负责制相结合的运行机制。部长负责制就是学生会各部门的主要负责人对本部门的工作负有主要的责任，在工作中出现问题、造成损失时第一时间承担责任，并及时加以解决。项目负责制是指把学生会开展的每一个工作或活动看作一个项目，通过建立项目组推进工作任务或活动的开展。特别是针对一些大型的活动，一个部门的力量往往难以独立完成，而必须由多个部门共同承担各项任务，通过配合完成，这些大型活动适合采取项目组和项目管理方式来推进完成。当然，实行项目负责制也要确定主办者和主要负责人，以便提高工作效率和活动质量。

第三，高校学生会管理的关键是学生干部队伍的建设。高校学生会实行的是以自我管理为主的管理方式，学生干部的素质、能力将直接影响整个学生会的运转和工作质量。学生会干部是学生基层组织各项活动的组织者和领导者，必须具备较高的政治觉悟和思想品质，通过定期的集体培训使他们树立正确的世界观、人生观和价值观，并对学生会工作有清晰的认识和端正的态度，做到工作方法要得体、工作方式要灵活、工作过程要协作、工作效率要提高。

（2）学生会组织管理的注意事项。目前高校学生会管理存在的问题主要包括：学生干部的选拔机制和淘汰机制不健全，缺乏完整的运行体系；部分岗位职责不明确，任务分配不均衡；绩效考核评价体系不健全，缺乏相应的激励措施；对学生干部的培养缺乏足够的重视，在学生干部的管理中，更多的是进行干部的选拔和使用，而忽视了其中最为重要的环节，即学生干部的培养；一些高校学生会的组织结构不合理，成员对组织决策的执行力不强，有的学生会组织注重垂直型领导而忽略了成员间的沟通协调，而有的学生会组织重视横向管理而使组织的执行力度不够。对于当前高校学生会管理还存在的问题，可以从以下方面着手。

第一，重视构建合理的学生会干部选拔机制，做好学生会干部选拔工作。学生会干部的选拔是学生干部队伍建设的首要环节，在选拔时应坚持选贤任能的原则，根据德才兼备的标准，力争选拔出政治素质高、心理素质好、群众基础好、责任心强、组织管理能力过硬的学生到学生干部队伍中来。

第二，重视构建科学的学生会干部培训机制，加强学生会干部培训工作。对于学生干部的管理，不只是选拔出优秀人才来担任一定学生干部职务就一劳永逸了，学生干部还需要多渠道、多层次、持续不断的培养，学生会干部的培训内容应涉及方方面面，坚持思想教育和业务培训并重，加强对学生干部进行理论教育和业务培训。

第三，进一步完善学生会干部考核体系，建立健全相应的干部激励机制。考核不仅是对前期工作的测量，也对后期工作有一定的指导作用。客观公正的考核体制是奖惩的主要依据，在此基础上，再适时适度、因人而异、因事而异地使用有效的激励措施，立足于学生会干部的内在需要和动机，进行有针对性的内在激励，并让所有的外在激励转化为学生会干部自身的内在激励，建立学生会干部积极参与学生会工作的长效机制，促进学生会干部的自主性、能动性和创造性。

第四，进一步完善学生会组织架构，提高组织成员的执行力度。要根据不同时期的工作需要，增设或裁撤学生会的工作部门，形成更加科学的组织架构。减少工作中出现的多头领导和互相推诿的现象，使组织成员明确自己的任务和承担的相应责任，在确保各个部门成员保质保量完成工作的基础上，提高一个部门的工作效率，进而提高整个学生会的工作效率，使其更好地为广大同学服务。

2. 学生社团组织管理。高校学生社团出现在 20 世纪 90 年代，它是随着我国大学的扩招、大学生基于某种兴趣或爱好自发组织的学生团体。我国高校的学生社团组织是学生自发组成的群众性团体，是高校群团组织体系的一部分。高校学生社团组织发展和治理既是学校的重要工作，又是开展思想政治教育的重要载体（张东方，2021）。我国高校学生社团是以开展有益于学生身心健康的活动为主线，打破年级、系科甚至学校的界限，以科技、文化、艺术、体育、公益事业等方面的志趣爱好为基础并团结兴趣爱好相近的同学的学生组织，是高等学校"学生自愿组成的群众组织"。学生社团的存在必须依照法律和校规校纪，遵循一定的宗旨和原则，按照一定的章程自愿结成，并且具有相对固定的成员和特定的活动范围。

（1）学生社团组织的管理方法。

第一，学生社团的设立。为了推动高校学生社团组织的建设和发展，必须做好学生社团发展的最初阶段工作，即社团的设立工作。高校学生社团的成立应该满足以下两点要求。

一是发起人要求：首先，有一定数量的发起人。社团发起人应是社团所在学校的全日制的本科生、研究生，且发起人数目不得少于 10 人，但同时社团发起人数目也不宜过多，一般不多于 30 人。其次，社团发起人要具备较强的综合素质。社团发起人应满足一定的学业成绩要求，成绩在其所在专业应不低于前 30%，以保障发起人不会因参与社团管理而影响学业；社团发起人要具备一定的组织能力、协调能力、沟通能力等基本能力，对于一些对发起人有特殊要求的专业性较强的学生社团应同时要求社团发起人具备一定的专业素养。最后，社团发起人应了解所在学校社团管理的相关政策。社团发起人应深入学习、了解所在学校学生社团管理的相关文件和制度，同时也应该了解所在学校对学生组织管理的相关文件和要求等。

二是规章制度要求：首先，有规范的社团章程。学生社团主管部门应对申请成立的学生社团进行规章制度的审查，审查内容包括学生社团是否对其性质、活动范围、会员权利义务、经费来源、机构设置等作出明确说明，同时社团章程应对社团如何启动、社团解散、社团更名等程序问题作出解释。其次，有明确的自我管理制度。学生社团应具备明确的会员大会制度、财务管理制度、财产管理制度、例会制度、人事选拔制度等制度。

第二，校院两级学生社团的管理。在我国，虽然各高校学生社团发展比较晚，但各高校在学生社团的管理过程中也逐步积累了丰富的学生社团管理经验，并形成了各自的学生社团管理办法。校院两级的学生社团管理体系是指学校社团主管部门（高校团委）和各学院团委联合管理学生社团的体系。校院两级社团管理体系就是把将高校学生社团根据一定的标准（社团规模、活动质量、影响力等）进行划分，部分学生社团由高校社团主管部门直接管理，此类社团即为校级平台学生社团，简称校级社团；部分学生社团由学院团委直接管理，此类社团即为院级平台学生社团，简称院级社团。校院两级学生社团管理体系优势在于以下方面。

一是减轻高校学生社团管理压力。由于学生社团大多规模较大、成员较多、活动也相对较多，单纯的学校直接管理很难保证对每个学生社团进行有效指导，在校院两级的管理体系中，学院可以为高校社团主管部门分担一定的管理压力。

二是有效利用学校资源。目前，在我国多数高校中，对社团活动的投入还相对有限，由于社团数量多、发展迅速，高校资源的更新速度往往跟不上学生社团的发展速度，这导致了很多社团由于缺乏活动资源无法正常开展活动。校院两级学生社团管理体系将部分社团交由学院管理，由学院直接提供资金、场地等资源以保证学生社团的发展，而学校社团主管部门只需为校级学生社团提供活动资源，而不需担心院级学生社团的活动资源，学校有限的教育资源进行了集中的优化分配。

三是促进学生社团良性发展。校院两级学生社团管理体系中，校级学生社团由于是受学校社团管理部门直接管理，并由学校提供相应的活动资源，其在活动规模、影响力、学校的扶持力度都将优于院级学生社团，但是校级学生社团一旦出现活动质量差、会员参与度低等问题时，学校可以将校级学生社团降为院级学生社团，而院级学生社团也可以通过优异的表现升为校级学生社团，从而促进学校内学生社团发展的良性循环。

（2）学生社团组织的管理模式。高校学生社团组织的管理模式主要是学生社团联合会，学生社团联合会是在高校领导下、由团委直接指导开展工作的社团管理类的学生组织。由于高校团委人力有限，一般高校社团管理由一名团委教师直接负责，而具体的社团管理事务则是由学生社团联合会完成。

学生社团联合会是在高校学生社团蓬勃发展的背景下产生的，学生社团联合会的基础就是广大的学生社团。因此，学生社团联合会的宗旨就是扶持学生社团活动、规范学生社团行为、管理学生社团运行、引导学生社团健康发展。

第一，学生社团联合会管理模式的构成。在校院两级学生社团管理的体系下，学生社团联合会的机构应包含两个部分：一是校级学生社团联合会，简称校社团联。校级学生社团联合会作为学校学生社团管理的直接执行机构，应对学生社团的成立、活动审批等一系列问题进行干预。二是院级学生社团联合会，简称院社团联。院级学生社团联合会是校级学生社团联合会在学院设置的社团管理机构，校社团联与院社团联属于业务指导和被指导关系。学院学生社团联合会职能是协助各学院团委和校级学生社团联合会负责学院社团工作的具体管理。

第二，学生社团联合会管理模式的设置。为充分发挥学生社团联合会指导、引导、扶持、规范、管理的作用，学生社团联合会必须设置必要的职能机构。一般而言，高校社团联合会机构设置主要包括以下方面。

一是办公室。办公室具体负责学生社团成立资格的初步审核、学生社团资料备案、社团工作相关文件的上传下达以及社团工作各种会议的会议议程制定以及会议记录。

二是宣传部。宣传部负责学生社团以及学生社团联合会日常活动的宣传工作，制作学生社团工作简报，编辑、出版学生社团工作的相关报纸、期刊，发布学生社团活动新闻，制作和维护学生社团联合会网站等。

三是活动部。活动部负责学生社团活动的审批、登记以及监督工作。各学生社团（校级学生社团）活动在活动筹备初期须到活动部进行审批、登记，登记内容包括活动的时间、地点、参与人数、所需宣传、是否使用教室等，活动审批通过后，社团正式开始筹备。活动部需要派活动监察员于活动当天前往活动场地进行活动监察，并将监察结果返回活动部登记，以备日后审查。

四是权益部。权益部主要任务是维护学生社团以及学生社团会员的权益，特别是保障学生社团会员的权益在其加入学生社团期间不受侵害。权益部可以在校内设立维权投诉点、在社团联合会网站公布投诉邮箱，保证投诉渠道畅通，同时，权益部应具有完备的投诉处理程序，保证投诉处理的时效性。

五是财务部。财务部主要负责监督管理社团财务工作，它通过定期的和不定期的社团财务审查，动态地监督学生社团财务状况，并定期将校内各学生社团（校级学生社团）的财务报表进行公布，接受校内同学的监督。社团一经发现出现财务问题，将做责令解散处理。

六是人力资源部。人力资源部负责社团干部的培训、考核以及社团活动的通知，为社团干部针对性地准备一些活动组织、活动策划、规章制度等方面的培训，同时对社团干部进行考核，尤其是对社团联自身干部队伍的考核。此外，人力资源部还负责社团干部各种奖项的评比工作。

七是院系学生社团联合会。院系学生联合会负责院系学生社团的管理，并将学系学生社团工作的情况及时上报给学校。而院系学生社团联合会机构一般比较简单，可以根据日常工作的需要设立相应的职能部门。

二、学生课外活动的管理

课外活动，作为课堂内容的延伸，就是要将学生的基本素质由课内延伸到日常的生活中（陈小伟和杨安童，2019）。高校学生课外活动对于学生全面发展具有重要意义，通过课外活动能够进一步完善学生人格，促进学生身心健康发展，同时还可以使学生增长见识、拓宽视野。高校学生课外活动管理工作需做到以下方面。

第一，做好课外活动专人管理。课堂之外所进行的各种活动需由专人制订活动方案和计划安排。具体人选最好选用参与此次活动的人，即该活动的辅导教师以及与会的其他组员。

第二，做好课外活动流程安排。在活动真正开始之前，活动中负责各项工作的组员也要有详细的流程安排。而且对流程的安排要落实到书面上，包含本次活动的预期目标、具体内容、各项活动所用耗时、活动举办地、到场人员名单以及此次活动的预估开销。

第三，做好课外活动安全管理。除了上述问题需要注意以外，每次课外延展计划都需要格外注意的就是安全问题。因此，无论是在制定活动安排之时，还是在活动进行之时，甚至是在活动完结以后，都需要做好充分的安全保障工作。

高校学生课外活动管理工作是高校工作的重要内容之一，学生参加课外活动能够在促进学生身心健康的同时，进一步帮助学生开阔视野、增长见识，高校应该为学生参加课外活动提供便利条件，不仅需要进一步完善的课外活动管理计划，使高校学生课外活动进行得有条不紊，获得更多安全保障，实现课外活动效果最大化，同时，还应该丰富课外文化活动内容，在对学生进行严格管理的同时，实现课外活动的教育目的，使高校学生在课外活动中有更多收获。

第三节　学生宿舍管理工作的具体分析

宿舍作为学生课余生活的主要活动场所，为学生提供了学习和生活的环境，良好的宿舍环境能激发学生积极向上的奋斗精神，实现学生自我价值和学校的教育管理。鉴于此背景，加强宿舍管理，对于培养具有良好道德情操、扎实专业知识、灵活人际交往能力的人才，完善高校管理机制，都起着举足轻重的作用。宿舍问题不仅关系着学生的健康成长，还关系到高校的教学秩序、校园稳定、文化氛围、社会舆论等方面。在结合时代特征、学生诉求、管理问题、发展现状后，高校需更新宿舍管理理念、畅通宿舍反馈机制、完善宿舍管理模式、丰富宿舍服务内容、创新宿舍文化内涵，具体的措施如下。

第一，量化宿舍准则，督促学生遵规守纪。高校在面向学生、尊重学生、满足学生的原则下，建立科学、合理的宿舍管理规章制度，做到有章可循、违章必究。不仅要落实、落细、落小，更要与学生的综合评测、助学金评审、评奖评优、推免保研、学生思想鉴定等挂钩，将学习成绩、活动竞赛、任职履历等"硬指标"与道德修养、素质品行等"软指标"结合起来运用到学生管理考核中，作为学生综合素质考量的依据。同时，对于学校的规章制度，可以适当增加授权性条款，减少禁止性条款，建立科学化、人性化的准则，提高学生的认同度和接受度。尊重学生的个人价值，运用民主手段调动学生参与制定学校规章制度的积极性、主动性和创造性，引导学生对宿舍管理进行思考，形成双向交流的教育管理机制。

第二，优化相关设施，打造宿舍人文环境。在宿舍楼内或附近设置自习室、小型图书馆、资料室、会议室、健身锻炼区、朗读室、宣传栏，为学生就近学习、召开党员会议、休闲娱乐等提供场所，营造浓郁的文化氛围，打造精神文明的宿舍阵地，使宿舍园区成为融"思想教育、生活服务、行为指导、文化活动"等多功能于一体的区域，使其真正成为增长学识、健全人格的课堂，丰富生活、陶冶情操的园地，增强体质、展示风采的舞台，凝聚人心、融洽情感的驿站。

第三，完善管理队伍，提升宿舍管理质量。在招聘宿舍管理人员时，适当提高选拔要求，在其入职后，提升其整体素质，定期培训安全逃生技巧、宿舍网络管理、劳动实践教育、心理健康教育和思想政治教育等知识，努力构建融"卫生清洁、安全指引、生活帮扶、文化构建"于一体的管理团队。高校培养一支高素质的公寓辅导员队伍，长期驻扎在学生群体中，在点滴生活中帮助学生陶冶情操、坚守底线。

第四，细化工作分支，鼓励学生参与其中。宿舍长、宿舍心理气象员、生活委员作为班级中负责学生日常生活的同学，在班级管理中起到重要作用。辅导员通过自主申请或者民主投票的方式为每间宿舍选择思想素质高、学习成绩好、人际处理佳的宿舍长，以个人带动小集体、以小集体带动整体。辅导员配合宿管，定期对以上学生骨干进行培训，包括宿舍内务的整理技巧、人际关系的灵活处理、心理危机的甄别和预防等，鼓励广大学生干部带头参与到宿舍管理中。

第五，评选模范宿舍，携手共创和谐氛围。营造良好的宿舍氛围，对于激励学生专注目标、奋发向上、互利共赢有着重要作用，从而推动基础文明教育和优良学风塑造。学院和学校通过组织宿舍评比活动，对宿舍内的学习成绩、宿舍氛围、才艺特长、内部装扮、整洁程度等分别进行综合评价，评选"学霸宿舍""和谐宿舍""文体宿舍""创意宿舍""清洁宿舍""最美宿舍"等。通过开展宿舍标语设计大赛、宿舍生活小视频评选比赛、宿舍小故事分享会、宿舍间的校内团建活动、优秀宿舍经验分享会、宿舍文化月等，鼓励宿舍成员在过程中树立集体荣誉感，培养互助互爱、团结协作的精神。同时，提升宿舍文化品位，构建整洁、和谐、健康的宿舍文化氛围，以宿风带动学风，以学风带动校风。

第六，畅通问题反馈渠道，积极正面发声。高校邀请学生代表定期参加宿舍管理研讨会，利用两微一端、专业网站、校内热线、谈话值班室、学生座谈会、热线邮箱拓宽学生反映意见建议的渠道，鼓励学生就宿舍管理中存在的问题畅所欲言，并针对意见建议给予官方回应，公开学生投诉和处理调研的结果，推动建立双向的互动机制。建立由学生代表组成的监督机构参与宿舍管理和服务，引导学生自我监督、自我管理、自我服务，维护学生合法权益，协助学校做好反馈工作。

综上所述，宿舍管理是学生管理工作中至关重要的环节，高校要以宿舍管理为切入点，完善学生人格、规范学生行为、培育学生素养、锻造学生理想，培养出德智体美劳的新青年，真正实现全员、全程、全方位育人。

第四节 学生日常生活管理工作的创新

一、学生日常生活管理工作的特定目标

学生日常生活管理工作的特定目标是实现综合性目标的重要途径，也是实现大学生日常生活管理的重要环节。对具体目标的设计和推进是将教育长远目标构想与当前实际问题充分结合起来的衔接环节，它为开展高校学生日常生活管理教育的基层工作指明了具体的方向，并有助于对相关的可实施性进行评估，应该将其发展成为高校日常管理教育工作的驱动力，保证教学工作的有序进行。

（一）重塑学生日常生活的角色

大学生正处在从青春期到成年期的过渡期，他们的身心都发生了许多变化，在日常生活中，他们对自己的角色还没有一个明确的认识。在此阶段，应使大学生清楚地认识到自身的位置与社会的位置，并使之融为一体。因此，高校要从根本上帮助学生找到自己的身份定位，让他们成为自己生活的主人，可以从以下方面来帮助学生认识自己。

第一，针对学生在日常生活中对自身角色的认识存在的不足，让他们认清自己，成为自己人生的主宰。在学生日常生活管理中，只有给予学生以民主的机会、宽松的管理方式，才能起到更好的作用。有了安排自己生活的权

利,学生们就会变得更有主见了。"收"与"放"相结合,是大学"主"与"客体"协调发展的一种主动管理方式。

第二,使学生在认识到自己的角色中存在错误时,能够及时纠正,了解生命的权力、责任和义务,使他们明白,在主宰生命的同时,也要为生命负责,从而培养他们的责任感。学校管理者对大学生的生活管理权要放权,不能过度干预,在放权的过程中要培养学生的责任感,让他们对自己的行为负责。

第三,学生要掌握自己的人生,达到人生的理想境界。当学生对自己的生活目标有了初步的认识时,要引导学生对生活的形式、生活艺术的发展、生活价值观的体现等作出判断,从而创造出自己的个性生活。学生要充分意识到生命是需要被尊重、被理解的,这也是塑造理想生活最好的方式。

在日常生活的建构中,通过与历史和过去的生活相联系,可以使学生从生活中获得许多启发。在日常生活中,大学生应该培养出知道事情要点、知道如何行动、可以分辨是非、可以衡量利弊的能力,从而让自己的生活变得丰富多彩,成为生活的主人。同时,要对学生的生活进行审美和趣味的培养,使其形成一种更高层次的个性审美,通过美育素质的培养来提升其生活质量。

（二）丰富学生日常生活的个性

从日常生活管理的角度来看,充实大学学生日常生活的个性是一种以任务为主的行为。在教育任务的影响之下,管理工作将会成为后续教育阶段中的一个重要组成部分,转变成一种任务导向的模式,而不是简单地以知识为基础,得出一个总结性结论。这一过程对管理的内涵、层次和方法进行了进一步的探索,可以使教育的每一个环节得到充实和发展。这样一种运作方式扩大了大学生活管理的丰富性,从而对教育产生了一种持续的扩展效应,丰富了学生的日常生活方式,与此同时,其在延展教育、充实生活、丰富娱乐方式等方面发挥了积极的影响。在此基础上,对学生进行积极的人生态度和身体素质的培养,可以激发学生对美好生活的向往和对幸福的追求。

人的天性是对美的追求,而管理的过程也是对美的实践,在日常生活中,要对学生进行审美教育，从而提升他们的生活质量。要给学生的个性发展留出足够的空间，要重视他们的个性和兴趣需要，要在尊重生命原则的基础上，培养他们的个性生活方式。"个性化""自由""规律""未经开发"等特征，也就是"人的生活"的"实践准则"。大学生的日常生活也存在着一定的相似性，这一特点对大学生的生活也起着一定的制约作用。

大学校园生活的规律与未开发性，给了大学校园日常活动以发展的空间，而大学校园生活的个性与自由是大学校园管理活动的本质。如果要让大学的日常生活变得更加丰富多彩，那么就需要对学生的个人需求进行充分的了解，并对他们的个人需求给予足够的尊重。大多数学校的管理工作都是以收集与学生有关的信息和反馈为手段来展开的。但是，在这一过程中，高校经常无法抓住关键的问题，从而造成了材料的利用率低下，管理工作没有完成，从而造成了资源的浪费。通过管理来增强生活的多样性，难度很大，这就需要管理要放松有度，并要注意扩展，这样才能真正地促进教育的实施。增强大学日常生活的多元化，其根本目标是向学生传递人文精神和情感，提升学生的整体素质，让学生学会掌握自己的生活。

（三）优化学生的日常生活方式

日常生活方式是人类社会构造中的物质文明与精神文明高度统一的一种集中的外在表现。大学生作为时代的先行者，其行为模式反映了社会整体的生活状态。大学生的思想观念经常以一种外在的形式表现出来，并变成了他们在现实生活中的一种重要方式，而这种生活方式又会被大学生的心理、生理条件所制约和影响。学校要指导学生以道德规范来自律，不断提升自己的理性思考能力，同时，学校要以一种宽容的文化态度来看待学生对时尚的追求，并加以正确的引导，从而使学生养成良好的生活习惯。一个民族的文化特征同样可以从一个民族的生活方式中反映出来，它在大学生身上所表现出的生活方式其实就是整个社会的一个缩影。

当前，对大学生的生活方式的教育还处在起步阶段，尚未成为大学生的教育培养中的核心内容，这就很难对大学生的生活方式进行有效的指导。所以，高校要重视对学生的管理，对学生进行生活方式的教育，从而促进学生生活方式的进一步优化，高校要认识到生活方式的教育对提升学生的整体素质的重要性，将生活方式的教育渗透到学生的生活和学习的每一个方面，对学生采取灵活的管理方法，使管理体系更接近学生的生活，使其更具有可操作性，将生活方式的优化纳入大学的教育总目标，使更多的大学学生拥有成熟、健康、有益的生活方式。

生活方式可以在休闲中集中体现出来，对于大学生而言，他们在日常生活中所选择的休闲方式一定会带上大学生这一身份的印记，因此，各个高校要对大学生的兴趣爱好、性格特长、综合素质、经济水平等进行综合考虑，并对大学生的日常生活方式进行培养。使大学生在各方面都获得了锻炼，从而有效地提高了整体素质。让他们由选择较为简单的休闲层次提升到更具参与性、更加高级的休闲层次。在日常闲暇时间的锻炼中，大学生可以提高自己的德行与修养，在休闲的过程中，不断地审视、反省自我，积极地提升自我，这些都应该包含在高校的教育目标中。

高校要从管理大学生的日常生活入手，指导并帮助大学生提高其生活质量，使其养成健康的生活习惯。在对大学生进行生活方式相关教育时，要坚持底线的教育理念和教育方式，底线思维是一种确定好落脚点、找到可靠的支撑，并在此基础上寻求进步空间的思维方式。对大学生而言，生活是他们的基本生活，而生活方式又是他们最基本的构成因素。以底线思维对在校大学生的生活方式进行检视和引导，可以使其更加平和、务实、健康。大学应该从学生的日常生活、琐事入手，进行反省教育，而生活方式教育就是一个比较合适的媒介。关注在校学生的日常生活方式，即关注他们的底线，可以有效地深入生活的肌理，接触到大学生的生活底线，更有利于大学生顺其自然地接受。在进行教育时，学校应该放下身段，用坦诚交流的心态来对待学生，使其在生活中一点点地改变。

（四）完善学生核心价值观教育

大学时期的学生具有自身独特的心理特征，在学校的学习和生活中，他们的人生观和价值观会逐渐形成，这对他们的人生而言是非常重要的，在这个时期，价值观教育的效果和质量会对他们未来的价值取向产生很大的影响，因此，高校应该重视学生核心价值观教育，要扩大教育的途径，丰富教育的载体，使教育的效果更加显著、更加深刻，也更加持久。在对学生的日常生活进行管理的过程中，能够在学生的思想中渗入正确的价值取向，将价值观的教育融入学生的生活中，使教育回到生活中，从而使在校学生形成正确的人生观和价值观。日常生活对一个人的形象化有着极其重要的影响，而且这种影响是经久不衰的。大学校园中的"日常生活"构成了大学生的"生活"，它对大学生价值观念的形成起着举足轻重的作用。日常生活会对人起到一种教育和引导的效果，这种效果比较温和，而且是中立的，在日常生活中，人世间的各种形态都会显露出其本来面目。在这种日常生活中受过教育的人，一定很难把握住它的效果。但是，在对大学生进行价值观念教育时，又需要其具有坚定的信仰和明确的人生目标。

在日常生活和学生的价值观教育中，要将核心价值观渗透到学生的心中，高校应积极引导大学生进行自我培养，使其品德整体化。大学生的自我价值修养，不仅要有大目标，而且要有小目标。只有在不断的道德实践中，才能体会到不同的道德境界，才能为社会主义核心价值体系的构建提供丰富的道德资源。在日常生活中，无论大小，都是价值观构建的细节因素，道德积累也是循序渐进，从量变到质变。大学的学生日常生活管理可以在学生的日常生活中起到一定的作用，它可以为有效地进行核心价值观教育赢得一定的空间和话语权，大学可以用良好的思想道德和修养来武装自己的日常生活。在大学里，以往的价值观教育都是在教室里进行的，而在新的情况下，必须把它融入学生的生活、学习中去，才能抵挡住各种负面的道德因素的影响，才能使价值观教育真正发挥作用。

（五）塑造学生良好公共关系形象

高校要注重对学生公共关系形象的塑造，在学生日常生活管理工作中要做好两方面：一是要正确地引导学生在学校期间的思想和行为，让他们建立起正确的形象意识，了解公关形象的基本含义，并在日常生活中建立起良好的公关形象。纠正不良的生活习惯，加强自身修养，提升综合素质；二是高校要加强学生和教师的正面形象宣传，明确他们的职责，提高他们的沟通能力和技巧，挑选好的事例，促进他们进行教育和沟通，使大学的学生重视自我形象的塑造，提高他们管理自己、改造自己的能力，使他们成为高素质、全面型人才。

二、学生日常生活管理工作的创新方法

（一）日常生活管理的熏陶教育法

日常生活管理的熏陶教育法主要是利用日常生活中的感染和人文感知来帮助学生积累教育理念，并力争营造出一个立体化的环境。与体系化教学中以准线、分值等标准化手段来衡量的方法不同，熏陶教育法的特点是从一个点开始，利用多个角度、多种形式的影响，逐步形成一套对学生的学习习惯产生影响的体系网络，所以，熏陶教育法又被称作感染教育法。在生活环境方面，大学生的生活、学习与其所处的环境密切相关，因此，对其进行全面的渗透，就能为学生组织起一个更加严密的管理系统。作为学生日常生活管理的主要目的，对教育环境进行立体化建设，并对熏陶感染进行科学应用，从而对学生的发展和转化起到积极的作用。

熏陶教育法提倡从生活中着手，将教育思想自然而然地融入生活中的各个方面，不需要刻意地构建一个系统，只需要让学习要义和规律法则能够自然而然地发生。从对学生整体思维的培养、情境的创造等方面来看，这种培养方式具有明显的时代印记，是自主学习的升级。在实施熏陶教育法的时候，它能够与大学生的日常行为和生活习惯相结合，努力在传统的教学方式和创新的管理方式之间寻找到最佳的平衡点。在具体实施手段上，通过渗透教学行为，合理规划成长路径，精准把握关键时机，反思固有教学模式，开发出可灵活应对各种变化趋势的教学方法。在学生日常生活管理过程中，可以运用熏陶的方式，进行一次立体的教学，使之更加贴近学生的现实需要。与专业课的针对性较强的特点不同，培养教学方法的培养目标是广泛的。大学生拥有一定的文化底蕴、具有明显的团队意识、具有较高的开放程度，并且思维方式较为灵活，这些因素都使得熏陶教育的正面影响在该群体中的显性作用更强。

在学生日常生活管理工作中应尽量采用积极的管理方式。在心理方面，要善于运用赞美优秀者、鼓励积极行为的方式，树立模范标准，加强正面、积极的氛围。在这种情况下，每个人都能发挥出自己的主动性、都能控制自己的行为，朝着一个良性的方向发展。可以逐步地从日常的渠道向外渗透，扩大熏陶教育的覆盖面，达到以培养为感染主体的具体方式，并逐步地完成

了教育过程的演化和层级关系的完善。第一个层面是感染，第二个层面是渗透，第三个层面是熏陶，这三个层面是按照大学生心理活动的顺序，贯穿于他们的日常生活中的。这些层次所呈现出的一致性和重复性以及势不可当的惯性，使其可以在教育工作中产生持续的作用，可以帮助大学生获得除特定学科知识以外的价值收获，这就是被称作素质的内容。熏陶教育法通过管理日常行为、打磨精神素质，持续提高学生的学习能力和精神品格，具有终身学习、终身受益的特征。熏陶教育可以对人们的日常行为产生感染力，还可以指导人们的正确认知，这是因为它是对日常生活的一种提炼，通过吸收、容纳日常生活中的一系列积极因素，熏陶教育的理念也在慢慢地发生着改变，并形成了一个越来越完善、越来越系统的体系。在此基础上，进一步完善评价指标体系，使评价结果更具有客观性和科学性。

（二）日常生活管理的情感教育法

日常生活管理的情感教育法致力于建立主客体之间情感交流的桥梁，该方法不仅独立实施情感教育，还在其他教育活动中发挥辅助作用。严格的教育管理制度对大学生日常生活至关重要，而情感教育法聚焦于制度之外的日常生活方面，包括人际交往、友谊、心理与情感交流等精神层面，超越学校硬性规定的范畴。这种被体制边缘化的人性有助于教育机制双向运作。管理者需以职业素养为基础，依规章制度，高效地引导并完成学生管理。教育工作者需具备科学的管理手段，同时表现出动情又理性的沟通方式。这些基本素质对教育工作者提出了更高的要求，他们需要不断提升自身素质，增强处理突发事件的能力，以便进一步完善教育体系。在教育体制无法触及的领域，为大学生提供了自由发展的舞台，形成了"自育式"道德教育。这种教育不仅包括大学生的道德培养，还涵盖了个人反思与总结。在体制无法触及的范畴内，学生们可以充分释放思维与本能，构建适应社会发展需求的新理念、新标准和新规范，并将其融入自身成长体系。

大学生的自我管理与自我教育是学生日常生活管理的最好形式。为了达到这一目的，管理者应确认并提倡每一位大学生都是一个独立的个体，并尊重、重视他们的独立个性。这对管理人员提出了三个方面的要求：一是要引导大学生树立正确的成人观，要有成人的思维方式，要在各方面都做到自信自立；二是鼓励大学生逐步掌握成人所应具备的各项技能，尤其是培养大学生独立思考、不断学习的能力，这与大学生将来的发展方向、是否具有坚韧不拔的创新精神密切相关；三是大学生要有成人的社会责任感，大学生要成为国家的中流砥柱，要用自己的知识回报社会，要有为人民服务的雄心壮志。这一过程的顺利进行，将有助于教育工作的内省，使之符合成年人内化的需要，变消极为积极，特别是在没有人监督和监督的情况下更是如此。

大学生的自我管理与自我教育构成了日常生活管理的最佳形式。为实现这一目标，管理者应确认并倡导每位大学生都是独立的个体，尊重并重视其独特个性。首先，引导大学生建立正确的成人观念，培养成人思维方式，促使其在各个领域展现自信和自立精神；其次，鼓励大学生逐步掌握成人所需的各项技能，特别是培养他们独立思考和持续学习的能力，这与其未来的发展方向及创新精神息息相关；最后，强调大学生要具备成人的社会责任感，作为国家的支柱力量，用所学知识回馈社会，怀抱为人民服务的志向。具备丰富情感的大学生在日常生活中的交往与校园制度化、排除情感因素的非日常生活管理有所不同。作为教育管理的主导者，教育管理者需理解学生情感，分析情感因素的作用，界定情感属性，并将各种情感纳入日常管理中。同时，精准规范并调节大学生的人际关系。在大学生的日常生活中，应通过多种方式积极开展情感教育。

情感的本质决定了人际交流的性质和方向，建立和谐的管理关系需要确保大学生对管理者产生尊敬和认同，让他们能够理性地遵守管理规定，将积极情绪带来的人际关系成本进行有效整合，以保持日常生活管理的井然有序。积极情绪是管理培训实施的基础，也是衡量管理成果的重要标志。同时，应认识到负面情绪作为一种客观存在，反映了状态的价值并能激发变化。这种情绪有其合理存在的理由，可作为问题根源的指引，促使教育管理者和学生一同反思并修正不当行为和言论。在日常管理教育中，需细致观察、准确识别问题，并给予正确引导，将不良的消极情绪转化为积极情绪。因此，管理者应从一开始就积极开展情感交流，以避免学生产生"中立冷漠"的情绪状态。同时，管理者也要避免出现无所谓的态度，因为这可能导致双方情感交流的冷漠状态。人类正是通过这种交往使得自身的生存价值得以实现、促进了与社会相关的其他因素的发展。

（三）日常生活管理的生活顾问法

日常生活管理的生活顾问法是建立在实际生活管理基础之上、采用生活指导教育这一核心观点进行选择的一种方法。生活指导以个性和个体差异、身体需求为基础，有助于有效改进正式教学，其理念包含专业知识如何融入大学生的日常生活并服务于适应个人发展的学生，在工作中促进学习者个体素质的全面平衡发展，它基本涵盖了学习者与社会需求的各个层面，包括生活、品格、交流、卫生、保健和学习等，涉及内容较为广泛。在教育方式上，采用"提升性、完善性、拓展性以及考试与怀疑的引导"等方法，逐步推动各层次的指导与解惑。将大学生日常生活管理中的情感因素整合到生活的多个方面，为学生提供生活引导和品德养成的解惑方法。

生活顾问法科学地解决了大学生在日常生活中遇到的问题，相当于全方位地参与大学生生活，以心理咨询师的身份，使其日常管理更加丰富多样，有助于实施伴随教育和赏析教育，从而激发大学生的潜能。对大学生进行生活指导教育是生活教育中的重要组成部分，其内容包括日常生存到对精神和品德层面的指引，其目的在于为大学生提供明确的生活选择，促进其积极适应环境。生活顾问必须了解大学生的生活需求，为其提供特殊支持、协助和服务。所有帮助都应是一对一的，以体现对学生的尊重，并培养他们的独立性。以"顾客满意"为出发点，对教师、管理者和辅助者三种角色进行整合，让学生感到满足，推动"完人教育"和"全通教育"的顺利发展。

第四章

学生教育管理工作及创新发展

第一节 学生德育教育管理工作及其创新

一、学生德育教育管理工作的意义与内容

高校德育管理是现代高校管理的重要组成部分，既是高校管理活动的一项重要内容，也是高校管理活动的一种特殊形式。高校德育管理是一般管理原理在高校德育中的具体应用。高校德育由多种要素构成，直接受多方面因素的影响和制约。由于影响高校德育的因素多、涉及范围广，这就决定了高校德育要落到实处、取得实效，需要有专门的组织机构，能够针对德育工作的复杂性、特殊性、专门性，制订可行的德育工作计划，协调好各方面的教育力量，以求达到德育目标。因此，所谓高校德育教育管理就是高校管理者根据现代社会的德育目标，遵循德育发展和管理的一般规律，运用科学的管理方法，在一定的环境条件下，通过预测、决策、计划、组织、指导、协调、控制、评价，有效地组织、分配和利用校内外各种德育资源和相关要素，形成德育合力和整体优势，以提高德育效率、实现德育目标的过程。

（一）学生德育教育管理工作的意义

第一，全面提高德育实效。相对高校其他方面而言，高校德育管理更为复杂。德育管理旨在通过加强实体化管理、建立德育质量保障体系、完善德育工作控制系统和健全德育约束机制、运用科学合理的方法发挥德育的作用，

以求切实明确高校各部门及相关人员的德育责任，提高德育实效。

第二，充分调动德育工作者的积极性。德育工作者是德育工作的实施者和主力军，是高校德育工作的保证。德育的科学管理，一方面要根据德育目标的要求，对德育工作者的行为实行必要的监督和限制；另一方面，要鼓励、支持和强化德育工作者那些符合社会需要、为社会所要求的愿望和追求，并使之转化为其从事工作的内在动机，使德育工作者的心理活动保持一种能动活跃状态，具有强烈的学习和工作的欲望和行为，表现出既有争取优良工作绩效的意志，又有研究改进工作的创新精神。

第三，发挥德育组织的作用。德育组织是德育管理的直接载体，为了实现一定的德育目标，人们按照某种方式结合而成的正式群体被称为德育组织，如高校的年级组、班级等。正是基于这些不同组织的存在，高校德育工作才能正常地开展。如何利用、管理好这些组织，使它们有效地服务于高校的德育工作，是高校德育管理需要思考和解决的问题。加强德育管理就是要依据科学的德育管理体系建立有特色的德育管理体制，从而理顺德育组织内外的各种关系，充分发挥德育组织的凝聚力，从而使得德育工作卓有成效。

第四，营造良好的教育氛围。校风是高校全体成员的作风，是高校成员在思想、学习、工作、生活中表现出来的相对稳定的态度和行为方式的总和，如学风、教风、高校领导作风等。从高校管理的角度来看，校风是一所高校的办学思想、管理意识、管理制度、管理价值等方面的外在表现；从高校伦理价值的角度来看，校风又是对高校的基本精神状态和道德风貌的总的概括。优良的校风一旦形成，会成为一种强大的感召力和约束力，能够对高校每个成员产生潜移默化的影响，在无形之中使高校组织凝聚在一起。校风建设是德育管理的重要内容，良好校风的形成，意味着高校良好教育氛围的形成。

第五，协调各方教育力量。高校德育是一项系统过程，其中涉及对诸多影响因素的综合考虑和各方教育力量的协调。加强德育管理，就是要通过组织、协调、指挥等职能，把校内外各种可调动的德育因素科学、合理地组织起来，使其按照统一的目标和计划相互协调地发挥作用，以求取得整体的德育效果。就高校外部而言，意味着需要从高校实际出发，开发和利用各种德育资源，创设各种有利情境和机会，加强高校和社区之间的联系，促进教师和家长之间的沟通，由此整合高校、家庭、社会的教育力量和影响，发挥德育的整体效果；就高校的内部而言，意味着需要突破单一依靠德育组织或德育工作者的状况，调动高校内部各种教育资源和力量，最大限度地发挥校内各种力量的德育功能。

第六，促进高校的整体管理。德育管理是整个高校管理的重要组成部分。在作为整体存在的高校环境中，德育工作的开展，需要同智育、体育、科研、后勤等各项工作紧密联系。同时，德育管理对其他各育的管理具有先导、指引的作用。因此，加强德育管理不仅意味着需要高校其他管理人员的支持和配合，也意味着其可以直接影响和促进高校其他各项管理工作的全面改善，对高校管理的整体工作有极大的促进作用。

（二）学生德育教育管理工作的内容

1. 德育教育的目标管理。综合考虑高校外部环境和内部条件，制定出本校德育的总体目标、阶段（学年或学期）目标和层级（各部门、年级、班级）目标，并且要处理好总目标和子目标、整体目标和局部目标、长远目标和近期目标、组织目标和个人目标之间的关系，形成德育目标网络体系，对各级各类目标的完成情况进行相应的指导、督促和评价。因此，高校德育目标管理是高校德育工作成效的衡量标准，对高校德育具有导向、激励、凝聚和评价的作用。

2. 德育教育的计划管理。德育教育的计划管理是德育管理的首要内容，是其他德育管理活动的重要基础和依据。高校根据德育目标和德育管理目标，制订周密的德育工作计划，明确各个阶段的德育工作内容、重点和要求；制订具体的德育活动计划，明确不同学习阶段德育活动的侧重点，并依据各个学习阶段的活动内容，从途径、方式、方法等方面提出要求或建议；通过检查、督促德育工作的执行情况，使德育计划落到实处。可见，德育计划管理是一项依据现实、预测未来、设立目标、计划决策、科学地配置现有德育资源的工作，是高校德育工作获得最大成效的过程。

3. 德育教育的组织管理。德育教育的组织管理关系到德育组织的建立和运行状态，进而在一定程度上决定着德育计划的成败。进行德育组织管理，先要建立健全德育管理组织机构，形成一支德育工作队伍，将德育任务细致分配到全校各个部门、各个组织机构以及全体工作人员，并协调好各机构、部门之间的关系，凝聚高校内部教育力量；组织家庭、高校、社会等力量，互相配合、协作，保证德育影响的一致性；提高德育管理过程中各种资源（人力、物力、财力或时间、空间、信息等要素）的有效利用。

4. 德育教育的制度管理。德育教育制度是德育各项工作开展的依据和保障。建立和健全各种德育管理制度，其中既包括全校师生员工、学生要遵守的规章、规定和规则，还包括高校德育机构设置、德育队伍建设、德育资源的开发和利用等方面的规章制度和管理条例，并要保证这些规章制度的有效实施，且能够及时地对这些规章制度进行调整、修改、补充、完善，做到有章可循、有据可依。

5. 德育教育的环境管理。德育教育的环境是指开展高校德育活动所具备的内外时空条件的总和，包括高校外部环境和高校内部环境。对高校的外部环境而言，其包括一定时期下的经济、政治、文化背景和社会、家庭、传媒等资源，这时德育环境管理意味着在社会环境的大背景下，通过多种渠道，取得社会各方力量的联系与沟通，加强对德育工作的支持和配合；对高校的内部环境而言，其包括高校师生关系、校园文化传统、高校和班级的空间布置等，高校德育管理就是要加强高校物质环境和精神环境的双重建设，其中，文化建设尤其重要，加强教育环境建设、形成良好校风和高校传统，充分发挥环境对高校思想品德形成的潜在性、持久性的功能。但是，就一般意义而言，德育环境专指高校内部环境，即为促进学生品德形成和发展而有意识创设的环境。

6. 德育教育的学生品行管理。学生品行管理属于高校德育管理的一项基本内容，由于它直接涉及德育工作的受教育者，所以能够直接体现高校德育管理的成效。学生品行管理涉及学生的日常行为活动，包括生活习惯、学习习惯、人际交往习惯等，如何帮助学生养成良好的品德习惯，既是高校德育工作的主要内容，也是德育管理工作的中心任务。

二、学生德育教育管理工作的组织过程

健全的高校德育组织体系，就是所建立起来的这种组织体系适合于完成德育目标，具有系统性、完整性、全方位性，能够将有关的德育工作者组织起来，并根据客观环境的变化而进行整体性运作。高校德育教育管理过程包

括计划、组织、沟通、协调、督导（或评价）等功能性环节。依据高校管理过程的功能性环节，可以把德育组织运行看作是由目标、计划、检查、总结等环节所构成的整体。

（一）设置学生德育教育管理目标

德育管理是为实现高校德育总目标服务的。不同学习阶段有着不同的德育目标，不同地区、不同高校也有着不尽相同的校本德育目标。如何把德育目标分解为具体化的、可操作性强的目标，充分调动高校的人力、物力、财力资源，协调好各方教育力量、各种教育影响因素之间的关系，更涉及德育组织目标的制定问题。良好的德育组织目标指明了高校德育工作的具体方向，明确了不同阶段高校德育工作的重心，有利于增强德育工作的针对性和目的性，有利于对高校内部各种组织或机构、各种人员提出明确而统一的工作要求，有利于调动德育工作者和广大教师参与德育工作的主动性、积极性，从而使高校德育工作落到实处、取得实效。

德育组织目标的设置，要以德育目标为指引，充分考虑高校学生思想品德发展的特点和水平，充分考虑本地、本校的实际情况，要对高校德育管理工作具有明确的指向性和指导意义。在目标设置过程中，既要遵循学生思想品德形成和发展的规律，从学生的思想品德的实际出发，又要关注德育所面临的新形势、新任务，从而满足个体发展和社会发展的需要；既要体现现实性、连续性，又要体现前瞻性、超前性，以求较好地发挥德育管理目标的指导作用和指向功能；既要体现德育的统一要求，又要反映本地、本校的实际状况，使德育组织目标具有针对性、实操性；既要体现校长的办学理念，又要切合高校德育工作的基础和条件，从而有利于教师和学生全员参与、全程参与。

（二）制订学生德育教育管理计划

德育组织目标要想发挥实效、付诸实践，就要有一个周密的计划和安排，以保证德育管理目标能够有步骤、分阶段地得到落实。周密的德育工作计划可以使德育管理者与被管理者有的放矢地开展工作，有利于协调高校各方的工作步调，是德育目标和内容得以层次化、序列化的重要保证。制订学生德育教育管理计划的基本要求如下。

第一，以德育组织目标为指引，实事求是，切实可行。在计划制定过程中，依据高校在一定时期或发展阶段的德育管理目标，针对学生的思想品德的现状和发展水平，从高校人力、物力、财力等实际情况出发，有步骤、分阶段地安排德育工作。

第二，合理分工，优化德育资源配置，根据高校有关机构或部门的性质和特点，对德育工作任务进行合理分工，并从有利于达成德育目标和德育组织目标的角度优化现有的德育资源配置，并通过多种渠道、多种方式不断开发新的德育资源。

第三，提升工作计划的针对性、有效性。要充分发挥教职工的积极性、主动性，让他们参与德育工作计划的制定并明确各项工作的具体要求，促进他们把高校德育工作计划转化为不同岗位的具体工作任务和要求。

当然，德育工作计划的制定要服务于德育目标，在实际操作中，要避免德育组织目标高于甚至掩盖德育目标、学生的成长屈从于管理者或教育者的个人目标等不良现象的发生。

（三）开展学生德育教育工作检查

检查就是对德育教育工作进行考查、督促、约束，是德育工作计划执行情况的信息反馈。德育计划制定得再好，如果只有布置，不进行检查仍达不到预期的效果。检查是德育组织管理的必要环节之一。开展高校德育教育工作检查的基本要求是：第一，检查工作要有正确的指导思想；第二，检查工作要以上级的各项规定以及高校德育工作计划规定的德育目标为依据；第三，检查工作要走群众路线；第四，领导干部对自己的工作也要进行检查。

（四）进行学生德育教育管理总结

总结是德育教育管理过程的终结环节，德育管理总结的基本任务是对整个德育管理过程进行回顾、作出评价、找出成绩、发现问题、概括经验，为确定下一阶段的德育管理目标、制订新的德育管理工作计划及实施方案奠定基础，从而使德育管理过程有效地进入下一个管理周期，促进德育管理过程的螺旋式上升，由此不断提高高校德育管理工作的效果和水平。在德育管理过程中进行德育管理工作总结要注意：第一，把总结和目标、计划、检查几个环节看作是一个完整过程，总结要从德育组织目标出发，依据德育工作计划、基于对德育管理工作的检查结果来进行；第二，总结工作要实事求是，不夸大，不缩小；第三，提高认识，注重分析，要提高全体人员对总结这一环节的认识，运用多种形式，如全面性总结、专题性总结等，引导大家相互交流、相互启发，归纳出有益经验，分析存在的问题及其原因；第四，表彰先进，激励各方力量不断改进德育管理工作，在可能的情况下，要针对总结中发现的问题提出下一阶段进行改进的意见或建议。

三、学生德育教育管理工作的规范体系

规范是调控人们行为的、由某种精神力量或物质力量来支持的、具有不同程度普适性的指示或者指示系统，管理规范即是某一组织（或组织体系）根据自身需要而提出的、用以调节管理对象（人或机构）行为的标准、准则或规则，它通常以文字的形式规定管理活动的内容、程序和方法，包括管理条例、章程、制度、标准、办法、守则等。

（一）学生德育教育管理规范的意义

管理规范是教育系统各级成员（或机构）在教育活动中共同遵守的规定和标准，是高校管理的基础工作，对保证高校正常运转、提高德育管理水平具有极其重要的作用。高校管理规范是教育系统有效运转的基本保证，对提高我国高校管理效率有重大的意义。作为庞大而又复杂的高校组织体系，要想有效运转，就需要一定的规范来统一高校内各成员的个体行为。管理规范以统一而全面的方式指导教育体系的运行，使教育系统内各部分发挥了自身最大效益的同时，合力产生促进我国教育发展的整体效益。

管理规范是加强和有效改善高校德育工作的基本依据，高校管理规范体系中的德育管理规范直接指导高校的德育工作，使各级各部门的德育工作能够有效开展，同时，德育管理规范自身的评价功能让德育在评价与反馈的过程中有效进行。管理规范是实现高校德育目标的重要保障。高校管理规范引导整个教育体系和高校主体的运行，各机构、岗位成员按管理规范行事，使各部分的力量互不冲突、相互配合，这也为实现高效德育提供了重要的环境保障。

高校德育教育管理规范是提高学生自主管理能力、引导班级自治的重要

手段。高校管理规范以直观的条文规定了教育系统内各成员（机构）的职责，同时，对学生的自主行为也进行了规范。学生参照这些标准能够规范自己的行为，也能制定班级范围内的守则，对班级进行管理和自主自治。我国各级高校管理规范的针对性也为学生自主、班级自治的实现提供了可能。

（二）学生德育教育管理规范的特点

1. 科学性与系统性的特点。管理规范总是不同程度地反映着社会生活的某种因果必然性，而不是任意制定的，它是对与人的行为相关的客观规律和客观必然的把握，管理规范作为行为的指示，具有操作的可能性和达成预期的可能性。高校德育管理规范要维持效力，除了本身的科学性外，还需要系统性对之加以保障。这不仅要求管理规范要有全面的内容和体系，还需要管理规范搭载统一的观念体系，使其所指定的目标和行为准则不是孤立地存于制度规范之外。总而言之，高校德育教育管理规范要成为人们的行为准则，它本身就应当准确、健全、统一，不能模棱两可，更不能相互矛盾。

2. 规范性与强制性的特点。管理规范以简单明了的具体规章告诉人们应当做的内容、应当如何去做，高校德育教育管理规范就是用规范化的要求来指导高校的运行，并以之来指导和纠正高校内各成员的行为，使他们的行为符合高校组织体系运行的要求，同时，管理规范对所有对象都有严格的约束力。

3. 公开性与权威性的特点。与管理规范的指导作用相适，高校德育教育管理规范要具有公开性，以简明扼要、通俗易懂的形式呈现，方便管理对象了解、掌握，从而发挥管理规范的作用，使之获得有效执行；同时，高校德育教育管理规范由具有权威性的特定机构制定，因而其具有权威性，这也是强制性得以保障的需要。

4. 相对稳定性与发展性的特点。管理规范一经批准并公开实行，它在一定的时期内就要保持稳定，然而，随着社会的发展和人的诉求的变更，任何组织（或组织体系）都不是固定不变的，自有其发生发展的历史。当组织（或组织体系）的目标发生变更时，其所规定的各种规范也要随之变化，及时反映本组织（或组织体系）的利益与目标。对于高校教育而言，德育教育管理规范也同样具有相对稳定性与发展性。

（三）学生德育教育管理规范的类型

管理规范对高校内各成员的所有个体行为作出具体的要求，因而高校德育管理规范涉计的内容相当广泛，它的分类也多种多样。

第一，按照高校管理规范的性质划分，可分为正式和非正式的管理规范，正式的高校管理规范由权力机关制定，有具体的文本；非正式的高校管理规范属于隐性的管理规范，具有临时性，常存在于班级管理中或突发的高校管理事件中。

第二，按管理规范的形式划分，可分为制度性高校管理规范和非制度性高校管理规范。制度性管理规范由具有一定强力的管理机构执行，非制度性的高校管理规范则不通过强制手段强迫高校内各成员或机构执行。

第三，按照规范的内容进行划分，主要可分为对教育人员和教育对象的管理规范、教学管理规范、德育管理规范、总务后勤管理规范、安全管理规范等。对教育人员和教育对象的管理规范包括教职工管理规范以及学生管理规范，其中，教职工管理规范包括对高校领导机构、行政机构的工作人员以及教师的管理，涉及职责认定、行为指导及聘评规范等；教学管理规范指对岗位职责、程序、设施、评价的规范化管理，部分高校也将教研管理纳入教学管理规范；德育管理规范指高校对德育工作的要求，包括对德育组织、德育内容、德育活动、德育考核等的规范化标准；总务后勤管理规范是指高校对后勤人员的后勤工作以及后勤设施的管理规范；安全管理规范是高校对师生生命和财产安全的管理要求，包括具体的安全措施、各级的安全职责以及日常安全常规。

四、学生德育教育管理工作的创新重点

德育教育是高校教育教学体系的重要组成部分，是高校学生综合素养形成的前提。随着社会的快速发展，高校德育教育面临着新的挑战，在此情况下，创新传统德育教育内容与形式成为现阶段高校德育教育工作的关键。关于新时代高校学生德育教育管理的创新，具体如下。

第一，新时代高校德育教育内容与形式的创新。高校传统德育教育以教

学大纲为依据，相关教学内容多来自教材，由此导致高校学生对德育教育失去兴趣。因此，高校德育教育应围绕教学大纲丰富教育资源，使之具有时代性、代表性，并坚持以学生为主体的德育教育方式，利用互联网、微课等平台进行德育教育，可有效利用高校学生的碎片时间。同时，通过加强与学生之间的沟通交流发现问题，使高校德育教育更加具有针对性。

第二，深化高校德育教育理念的认同感，通过广泛的社会实践强化德育教育效果。在过去较长的一段时间里，高校德育教育仅限于课堂，纯理论的德育教育未能使学生意识到德育教育对其成长的重要意义，最终导致高校学生的思想道德素养相对偏低。对此，高校德育教育应当深化多层次的德育教育理念认同感，通过案例分析、情景教学等方式使高校学生意识到德育教育是其参与社会活动的前提和保障。同时，基于强烈的认同感，高校德育教育还需要通过广泛的社会实践强化德育教育效果，这也是新时代高校德育教育创新的具体表现，只有通过社会实践，才能检验高校德育教育的具体效果，发现高校学生在德育教育中存在的问题，为高校德育教育工作的开展指明方向。

目前，"以人为本"的教育理念已经达成共识，德育内容和体系也在逐渐完善，德育方法不断创新，德育载体不断丰富，德育评价更趋科学合理，德育机制不断健全，大德育的框架已逐渐形成，高校德育教育将进入一个新的阶段。

第二节　学生素质教育管理工作及其创新

素质教育是面向全体学生，以全面提高学生的德智体等多方面基本素质为根本目的的教育。高校是培养人才的重要也是最主要的基地，高校学生的综合素质不仅关系个人的成才和发展，更是关系到整个国家和民族的前途和命运。只有大力推进素质教育，从德、智、体等多方面对高校学生的综合素质进行教育和培养，才能造就优秀的高素质人才。学生素质教育管理工作的创新方式如下。

一、构建学生素质教育的核心管理层

素质教育在学生发展中扮演着至关重要的角色，因此，构建一个有效的管理层对于其实施至关重要。首先，为了提高组织相关工作的实施效率，加强其在各个部门之间的指导与协调的力度，学校可以委托一位副校长专门负责大学生素质教育管理组织的日常工作，包括大学生素质教育内容的研究、素质教育活动的规划与评估等（李晓飞，2016），其目标在于提高素质教育的执行效率，并加强不同部门间的指导和协调，以确保素质教育的全面发展。其次，为了促进不同部门之间的协作与沟通，建立一个跨部门协作工作组至关重要。这个工作组由学生会、就业指导中心、教务处、考核办以及各院系相关领导组成，旨在为副校长提供建议和支持。这个组织还将定期召开会议，以"大学生素质教育"为主题，推动各部门之间的沟通与交流，进一步加强各部门的协作与合作。这种管理结构的构建不仅有助于更好地整合资源和人力，还能够确保素质教育的全面实施和持续发展。通过这样的管理，大学能够更好地响应学生需求，提升教育质量，并培养出更全面、更具竞争力的毕业生。

二、建立学生素质教育理论研究机构

建立学生素质教育理论研究机构是为了深入了解、解读和应对当下大学生面临的就业挑战和素质教育需求。首先，政策资料的深入研究至关重要。这意味着对政府有关大学生素质教育政策的收集和解读。这项工作不仅是简单地收集文件，而是对政策进行透彻分析，深刻理解政策制定者的意图和政策对教育体系的影响。其次，为了更好地了解社会人才需求，需要收集并分析多渠道的数据。这包括了解就业报告、借助媒体以及充分利用学校内部资源来获取相关信息。通过这些数据，可以更准确地把握社会对不同领域、不同素质人才的需求趋势，从而更好地指导教育方向。再次，调查学生就业现状是非常关键的。只有通过实地调查和研究，才能全面了解高校学生在就业方面面临的现状和问题。这种调查研究可以帮助发现现行教育体系中存在的不足，从而有针对性地改进和完善教育内容和方式。最后，委托高校专家进行素质教育和就业方面的研究是确保机构拥有系统、专业的研究资料和发展策略的关键一步。专家们可以通过其丰富的经验和深厚的学术背景提供全面且可靠的研究成果，为机构提供更有效的决策支持。

三、设立学生心理与个性特征研究机构

学生心理与个性特征研究机构的设立可以为学生教育管理提供有力支持，其运作包括以下方面：首先，机构将着重于资料收集。这不仅涵盖从专业书籍、学术期刊到大众媒体各种渠道的信息收集，还包括整合和分析其他学者的研究成果。这些信息构成了研究的基础，为机构提供了必要的理论和实证支持。其次，机构将定期开展调查。这些调查针对大学生、辅导员、教师和管理者等多个群体，旨在直接获取第一手资料。这些数据将为研究人员提供深入了解心理与个性特征的平台，使他们能更全面地了解这些群体的需求和挑战。最后，机构将依托专业专家进行研究。委托具备心理学、社会学或教育学背景的专家进行校级课堂形式的研究活动，这将带来更专业、系统的研究成果。这些专家将在教育机构内展开深入研究，为素质教育管理提供可行建议，并向上级领导提供这些成果，推动大学生全面发展以及促进管理的提升。这一机构的工作将是跨学科的，结合心理学、社会学和教育学等领域的专业知识，以实现对大学生心理与个性特征的深入理解；同时，它也将成为促进大学生素质教育管理发展的重要平台，为学校管理者提供科学依据和实践建议，以更好地满足学生的成长需求。

四、设置学生素质教育管理、规划与执行机构

学生素质教育管理、规划与执行机构是学校至关重要的组成部分，为培养学生的全面发展提供了重要支持。这一机构分为三类，分别是专业课程素质教育机构、选修课程素质教育机构和文体活动素质教育管理机构。首先，专业课程素质教育机构致力于培养学生的专业技能和学术素养。他们通过科学而系统的课程设置和教学方法，确保学生在专业领域内得到充分的培养和发展。这个机构的目标是为学生提供一个良好的学术基础，让他们在未来的学习和工作中能够游刃有余。其次，选修课程素质教育管理机构负责制定并安排学生的选修课程，他们不仅需要确保选修课程的科学性和合理性，还要对课程内容和教学方法进行全面考核。同时，他们也要监督并评估学生在选

修课程中的学习情况，确保每位学生都能够全面发展并获得应有的收获。最后，文体活动素质教育管理机构则分为两部分，分别是"自上而下"和"自下而上"。前者负责组织和安排学校范围内的各类文体活动，同时鼓励学生参与校外的相关活动，从而培养学生的综合能力和团队精神；而后者则着重管理和指导学生自发组织的文体活动，为学生提供一个自我发展和展示的平台，让他们通过组织、参与活动来提升自己的领导能力和团队协作能力。

五、建立学生素质教育监督与评估机构

建立学生素质教育监督与评估机构的重点在于确立一个机构，负责监督和评估学生素质教育的各个方面，以确保教育活动的有效性和学生素质的全面提升。首先，该机构需要制定详尽的考核指标。这包括设定日常考核标准，旨在全面了解学生的素质水平、现状和内在问题。这些标准将被用于与国家素质教育内容进行对比，以提供参考资料，为未来制定素质教育相关决策提供依据。这样的考核指标不仅能帮助了解学生的发展情况，也能为制定更加精准和针对性的教育政策提供数据支持。其次，机构应负责评估教育活动的效果。这涵盖了对各个教育机构进行素质教育活动效果的评估，包括专业课、选修课和文体活动等。这种评估是为了了解教育活动的实际效果，以及压力和激励在推动学生素质教育方面的作用。通过及时的评估，机构能够快速发现问题并提出相应的解决措施，以确保教育活动的有效性和学生素质的全面提升。这种实时的评估机制有助于不断改进教育策略，使其更加符合学生的需求和发展趋势。

第三节　学生美育教育管理工作及其创新

一、学生美育教育管理原则与维度

（一）学生美育教育管理的原则

美育不是寻常的技术教育、艺术教育、知识教育，它是全面的审美素质教育，是以教育学生完整的人格为目标的教育。通过美育，推进学生形成完

美人格、拥有美的情操、发扬美的品格、确立美的理想，同时，还应该使学生拥有创造美、鉴赏美的能力。学生美育教育管理的原则如下。

1. 循序渐进的原则。在培养学生品格的美育时，需依照其认知发展的规律，由低到高、由易到难、由浅入深逐渐开展的原则，即美育中应遵循的循序渐进原则。依据认知的次序，由此及彼、由表及里、由感性到理性即是人们对于事物认知的过程，学习的过程也是如此。美育中的循序渐进原则也是依据由简到繁、由近及远的认识次序来进行的。

（1）辅助学生拥有准确的审美态度。简言之，人们在审美活动中所持有的审美观念即是审美态度。在喜悦的心态下获得精神世界的陶醉、自由，在美的鉴赏中实现对物欲、名利的超越，以美的角度分析世界，以美的眼光去认知世界，这就是正确的审美态度，它能够培养学生乐观豁达的心态，并能够用美的经验来化解生活中的矛盾、问题，擅长于探索生活中的美，会积极看待成长中经历的挫折、苦难，不轻言放弃，同时，善于化解生活中遇到的压力，并将其转化为无穷的动力，让其能够快乐地学习、工作、生活。

（2）让学生的判断能力、审美欣赏得以提升。因为人们鉴赏、判断、感受、发现美的能力即是判断能力、审美欣赏。培养学生的审美能力可以从两方面入手：第一，需积极展开相关审美实践活动，让学生在社会的广袤天地、俊秀的大自然中，在具体可感知的审美体验中，在校外、课外五彩缤纷的实践中，能够真正鉴赏美、感受美、了解美、学习美，在美的熏陶下能够提升审美能力、升华情感，逐渐完善其人格结构；第二，需占领课堂教学的领地，牢牢掌握知识的授予，通过教授美学的基本知识，让学生把握基础的美学理论、美学常识，理解美的内容形式、本质特点，让学生拥有基本的美学修养，掌握准确的审美判断标准，能够通过理论指引审美的活动。

（3）让学生的审美创造能力得到培养。发挥出人的创造性是建设完美人格的关键目标之一。美育需指引学生积极依据美的规律来美化客观世界、主观世界，运用美的尺度来引导、评价生活，同时，还应激发其创造热情。学校美育还应为学生构建创造美的平台，激发、指引其对美的创造热情，让其有充足的机会去展示自身的才华，有充沛的能力、志气去描绘自身、世界的未来。高校学生创造能力的培育、主体创造欲望的激发、完善自身人格的有效途径就是美育。

2. 乐中施教的原则。能让人"乐"的教育才是美育。美可以激发人的情感，让感官得到愉悦的满足，所以，乐于受教。不仅取决于审美对象，人们对于自身的力量、智慧的信任也是人们的审美愉悦性的起源。所以，进行美育活动时，受教育者经常处于愉悦的精神状态、心理状态，拥有强烈的感情经验，获得巨大的审美享受，该愉悦性是吸引人、引导人、教化人去参加美育、参加审美的关键因素。在对学生进行美育教育时，应结合学生的审美特点，依照教育目的，因材施教地对其进行审美教育，将简单的生理愉悦变为浸透着理性崇高情操的原则，这就是美育中乐中施教原则。这种以乐促教、寓教于乐的教学方式即是审美教育的地利人和的优势。在进行美育时，须坚持以美成人的美育、乐中施教的准则，把形象教育、愉悦教育落实到教育的全过程中。

3. 潜移默化的原则。美育的效果并非立见成效，这是一个持久的培养过程，人格的培养也并非一蹴而就，而是跟随一生的个体培养教育。学校无小事，事事都育人（董玲，2018），美育应该是学校全过程、全方位的教育，是大学育人的关键内容。所以，发展美育的过程，不可操之过急，应坚持耳濡目染的准则。美育在实施中坚持潜移默化原则的含义有：第一，将美育贯穿、浸透到校园文化中；第二，将美育贯穿、浸透到教育全过程中。

（1）实现美育在教育过程中的渗透。在进行教育时，由教育活动中的所作所为至课堂内外的教育活动、由后勤至管理、由教学至教育、由教育环境布置至学校布局，皆体现为审美。为推进学生包括品格在内的全面发展，实现教育活动、教育目标、教育目的，发展所有学生的多方面的潜能教育，就是包含审美设计的教育。这就是形成受教育者完整人格修养的过程，同时，还需探索学生在教育活动时所提升的审美情趣、发展的智力体力、获取的知识技能。学校美育是教育全过程的教育理念，每一个活动本身都是美好的、精彩的，要让所有进行这项活动的人皆能够从中取得美的感受，用欣赏的态度参与其中，让教学活动能够变成特别的审美活动，让学生的人格潜移默化地得以丰富发展。

此外，美育还应浸入德智体美劳等全面的教育中。在体育方面，学校应积极提倡形体训练、运动的联结，艺术、科学的联结，健美、健康的联结，把体育当作提高审美水准的过程。体育重视过程的出色，这就需要有刻苦耐劳、克服困难、灵巧机智的精神，有富有节奏感的优雅、协调的动作以及健美的姿态，有互帮互助的品格，所有这些是对心理品质、个人意志、人格、精神、情操的磨炼。在智育方面，它与美育是相得益彰的，过人的智商、丰富的科学文化知识，能够帮助学生表达美、理解美、感受美，得到艺术上的修养。丰富的形象思维能力能让学生产生审美情趣，体会到创造及劳动的快乐，让愉悦感充斥着学生的学习生活。在进行德育教育时，需增强文明规范、时事教育、文体活动、实习实践、艺术鉴赏等内容、形式及过程，让德育拥有吸引力。劳动技能也需要美育。通过培养劳动技能，让学生拥有劳动技能知识，学以致用，培养其劳动习惯、劳动观念。综上所述，美育在人才培养、高校教育时，需重视在教育全过程、全方位的潜移默化，同时，还应相对独立地发展学科特点，让其变成教育中的关键内容，变成浸入学校服务、管理、教育等各方面的综合教育。

（2）实施美育在校园文化中的贯穿。实施美育的关键途径就是校园文化，它显著的特征、丰富的内涵对塑造学生的优良人格有着无可比拟的优势。

第一，需运用校园文化的审美性推进学生向往崇高的人格。因为美育对推进学生向往崇高人格方面起到教化作用。需要主动提倡健康向上、推崇科学、团结友爱、求实创新的校园文化，让学生能够在这种氛围中感受并领略到美，融美于灵魂。主动宣传先进集体事迹、先进模范人物，完全发挥出其教化人、勉励人的作用。通过优良的学校环境、学校风范，使教学科研生活得以完成，学生灵魂得以净化，学生思想情操得到熏陶。

第二，需通过丰富学生的审美体验建立良好的校园环境，让学生时时刻刻都能受到美的教化。校园文化的载体就是校园环境。静谧干净的图书馆、宽阔明亮的教室、设施先进的实验室、绿叶成荫的人行道、设备齐全的体育场地以及文化底蕴丰富的人文景观都会让人觉得心旷神怡。良好的校园环境对学生的活动、学习皆有着良好的影响。校园是学生长时间的生活的乐园，也是教学的关键场地。在干净整洁的学校中学习，学生会时时刻刻地获得美的享受、接受着美的教化、拥有美的情操。

4. 因材施教的原则。因材施教原则在美育中表现在：依照学生的兴趣、性格、能力等实际情况，来对其推行不一样的美育，进而让学生的品格可以和谐、自由地发展。个体完整品格的建立必须尊重学生的个人审美倾向。从教育学的角度来看，对个体身心智能差异的科学态度、对学生主体地位的完全尊重、对学生的未来发展留下一定空间都是因材施教原则的体现。美育教育管理中的因材施教的原则可从以下三点来体现。

（1）从实际出发进行美育，定位准确。教师在对学生美育之前应熟悉学生，学生擅长于哪方面、哪方面比较薄弱，教师都应该熟悉，还应对学生的审美认识水平有正确的定位。辅助其认知自身的胜势，熟悉自身的审美状况，进而，让学生的积极性得到调动，帮助其获得自信心。

（2）教师需针对学生的个性特点作出最佳计划，让学生的性格获得充分的发展。在美育时，教师应全面熟悉不同学生的不同身体状况、兴趣、爱好及学生的接受能力、一般知识水平，方便教师从现实出发，作出不同性格的学生发展的最佳计划，扬长避短，让教师能够指向性地进行美育。

（3）教师需激发学生的学习兴趣，宽容看待学生的个体差异。美育应以美成人，需完全理解学生的才华、爱好、需求，让学生在美育时能够探索到自己最擅长、最喜爱的领域，还能在该领域中继续探索。这个过程中，老师需对学生有着高度的熟悉程度，尽可能地把握其爱好所在，让学生的自我美育主动性得以提升。在美育的时候，要想学生的审美能力得到提升，培育其审美兴趣，必须严谨落实因材施教的原则，进而能够让学生的个性得到全面发展，健全学生的和谐人格。

（二）学生美育教育管理的维度

在深化高等教育改革的时代背景下，受教育者获得了学校提供的更自由的学术空间和更开放的学习氛围，主要表现在学生拥有了更大的自由来选择学习内容的时间和空间。同时，得益于现代信息化社会的迅速发展，学生也会充分利用各种途径来挖掘美育信息。因此，审美教育若想实现长远发展目标，就必须在坚定审美教育目标的方向下尽快完善自身的教育内容，以满足大学生不断变化的审美需求。

近年来，越来越多的美育工作者开始积极探索美育的教学方法，并在美育内容的选择上越来越倾向于适应时代发展需要和理想人格培养，同时，在高等教育理论研究与实践方面进行了很多大胆创新尝试，这些重大举措在提升当代大学生的综合素养，推动美育工作的健康、和谐、可持续发展以及适应素质教育方面发挥了重要作用。

1. 美育认知教育维度。审美活动的本质其实是对客观存在的整体认知，所谓审美认知，由感知、判断、推测和评价等审美心理活动构成，它是在现有的审美认知图示下鉴赏和认知审美情境及构成审美关系的审美主体与审美客体的过程。

（1）注重系列性、层次性的审美基础知识教育。现阶段而言，审美教育的正常开展遇到了一定程度的阻碍，主要表现在：首先，现阶段学校开展的审美教育侧重于艺术教育，在内容的设计上更加凸显专业审美技能的提升与发展，智育仍然是衡量教学效果的标准；其次，审美教育、艺术教育、美学教育之间的界限不明确，审美教育课程设置只停留在艺术专业必修课和非艺术专业选修课方面。针对此类问题，审美教育不得不进行新的发展路径的探索与尝试，其中，最为关键的一点就是要改变传统教学侧重美学基本理论的讲解与灌输的方式，在此基础上将美学原理与审美实践活动统一起来，使美学教学内容类型更多样、层次更丰富，这样一来，不仅传播了美学基本理论，同时也培养了学生的美学素养。

具体而言，美育教育应做好三方面工作：第一，以美学基本理论教学为前提，引导学生建立美学体系，让学生体会美的概念、审美的意义和方法等，进而指导学生开展审美实践；第二，将个人在生活经验中培养起来的审美感知与具体艺术形式的欣赏、各艺术门类的了解等结合起来，从而使学生用更客观、更综合性、更多层次的视角和心态去感知绘画、雕塑、影视、戏剧、建筑、音乐、舞蹈等艺术样式的审美特质；第三，实现审美教育向其他类别科学教育活动的渗透，在教育内容上用自然美、社会美、科学美等审美对象的提升来加以完善，并将其升华到人格审美的境界。

（2）加强对传统文化的审美引导。中华上下五千年，先辈的辛劳汗水积淀了浓厚的传统文化和传统品德，这些优良历史沉淀彰显出了浓郁的社会美和人情美。在审美教育中融入优秀传统文化元素是人格养成的先在性和历史继承性的内在要求，只有不断提升审美教育的传统文化性，才能不断完善审美教育的真正内涵，才能让审美教育更具审美价值。我国传统文化是民族精神的凝结，是培养当代人优良品格、道德修养的精神财富，大学生人格教育的重要内容就体现在对中国传统文化教育价值的肯定以及对优秀文化传统的弘扬上。

2. 审美情感教育维度。所谓审美情感，是指审美主体对客观存在的美的体验和态度，它是人类的一种高级情感，贯穿于审美活动始终，而审美情感教育是一个综合的概念，包括审美关爱教育、审美理想教育和审美修养教育等。在审美实践活动中，审美情感从审美主体的实践活动中而来，同时又对审美实践具有能动的反作用，既指引其开展审美活动，又使其活动沿着规范化方向发展。

（1）审美关爱教育。根据马斯洛的需求层次理论，人的需要大致可以分为两大类：物质需要和精神需要。而在审美活动中，人们通过对事物的鉴赏所获得的审美情感其实是一种精神需求的满足。不同于一般的审美认知教育对实用功利目的的侧重，审美关爱教育关注人的精神需求，以及人格与审美情感的契合度。因此，在审美教育过程中，教育者要实现的首要目标就是建立大学生的关爱心、真诚心，使中国传统优良文化中的"仁"在当代大学生身上和人格上得到很好的实践。

当代学校审美教育的重点和难点在于如何发展和建设学校美育。就部分高校的尝试而言，其大概包括两个方面：一是组织多种多样的社会实践志愿服务活动，如爱心敬老、爱心助残、爱心募捐、社区公益等，通过参与这种公益性质的社会活动，学生不仅可以培养自身的优良思想素养，同时可以获得独特的情感体验与情感共鸣；二是充分利用学校的美育课堂，让大学生的高尚人格在和谐的学校氛围、优良的学校文化等的熏陶与引导下得以沉淀。总而言之，大学生的人格养成是大学教育的核心内容，要坚定培养大学生的审美情感方向，在多种样式的社会实践活动中引导大学生关爱家人、关爱同学、关爱师长、关爱其他社会成员，以高尚的思想道德、良好的行为习惯、积极的团队合作意识投身社会活动。同时，在日积月累的实践过程中，将这种具体的行动上升为精神境界和人格品行，即促使大学生树立关爱意识、团队意识，从而健全当代大学生的自我修养。

（2）审美理想教育。审美理想是人的审美意识最高层次的体现，是人们对于美的最高要求和愿望，它以审美经验为基础，并以此为出发点进行了高度凝练与总结。意识来源于实践，并对实践有能动反作用，作为意识层面的最高审美体验呈现，审美理想同样源于社会实践，是人类在从事社会生产过程中从现实中进行思考、从思考中产生理想、从实践中实现理想的过程中概括出的共同愿望。同时，这种在审美经验基础上的升华决定了审美理想与一般理想信念的不同之处，即审美理想具有一般逻辑概念所替代不了的地位和有经验性的形象特征。但是，审美理想的表现要通过以审美理想来反映现实的艺术媒介来实现，只有这样，才能赋予审美理想"物质化"的属性，才能为社会大众所接受。

从表现状态的角度来看，审美理想这种审美经验和艺术直觉主要潜藏在审美主体的内心，并不是外化于行的逻辑状态。这一点上，审美理想具有在确定审美主体、开展审美实践、评价审美实践方面的方向性、指导性和基础性作用。培养当代大学生积极向上的审美理想之所以具有重要意义，就在于审美理想对审美认知具有深远的影响力，是衡量审美认知的重要标尺，而科学审美理想的建立与培养对大学生健全人格建立的意义就在于它对认知活动的导向性作用，即引导认知活动朝着审美理想的标准和方向进行。

（3）审美修养教育。"修养"是人的道德品质、综合素养、外表形象、知识水平与能力等多方面的统一体，审美修养教育是将审美教育与受教育者审美心理结构的搭建进行有目的、有意识地融合和转变的过程，即由审美他育转变为审美自育，因此，审美修养教育是审美教育所预期实现的一个重要目标。我国的审美修养教育自推行以来就拥有坚实的文化基础和现实影响力，并且在众多美学思想家的不同审美教育理念的指引下，对于提升大学生的个人修养发挥了重要作用。

审美情感教育的内容就是要为学生自我形象修养、内在气质修养的培养以及正确的审美修养标准的认同感培养提供科学的方向和方法引导，并使其在对审美修养标准的认同感作用下完善自身行为，形成具有人格的审美影响力。在审美修养的培养方面，不同于德育以强制性的道德观念灌输来使学生获得某种道德标准，审美教育以对个体个性的尊重为出发点，特别强调氛围对学生审美修养的潜在影响和激发学生主动培养自身修养的积极性，以此为基础，不断改善自身行为，提升精神境界，在散发独特魅力的同时收获大众的认可与尊重。

3. 审美实践教育维度。审美实践教育的方向在于促进完整人格的形成，这一方向实现的途径就是以对感性的发展来推动其向审美情感教育的转变。

感性是美育的起点，具有现实性和艺术性双重属性。感性发展的层次同样有两个方面的体现：一是满足与解放感性要求；二是提升与塑造感性。与之相对应的，审美实践教育也包括主体的审美体验和审美创造等内容。从本质上而言，审美实践其实是人的实践活动，这种自主实践以最直接、最集中的方式将美的内涵进行了展现，并以对自由的体验自主进行审美创造。作为功利与超功利的统一结合体，审美实践教育既体现了美的非功利性，又体现了美的功利性，即实现人格养成。

审美教育的过程是以审美形式使人的感性得到解放、人的文化得到提升，从而使深层心理活动的非理性因素得到激发。在审美实践教育过程中要坚持两个基本原则：一是以学生的基本感性需要得到满足为出发点；二是以学生的感性能力提升为落脚点。这两个基本原则之间存在着密切的联系，感性需要的满足要以感性能力的提升为前提，感性能力的提升可以满足学生的感性需求，同时激发学生更多、更高层次的感性需求。现阶段，我国的美育实践侧重于对学生实践理论的教学，而对学生的审美需要、兴趣和个性的关注度尚显不足，进而导致学生的感性需求得不到满足，学生的感性能力得不到显著提升。当这种情况在现实中发生时，学生为了自身感性需求的满足和感性能力的提升，不得不寻求校外帮助，因而学生的感性能力会带有一定程度的大众审美倾向。但大众审美对缺乏感性能力的学生的影响具有明显的消极色彩，例如，对个人主观情感抒发的过分强调等最终导致了学生在理性思考和把握自然、艺术、人生等方面的失衡。

发展学生的感性能力是学校美育实践的首要任务，要达成这一目标，首先的一点就是要依托于直观的审美形式，尊重学生的个性发展。之所以要坚持这一根本方向，主要在于感性与个性是相互联系的内在统一体，没有个性，感性便无从谈起，而直观的审美形式是人的感性因素得到充分自由表达的窗口，换言之，只有做到这两点，人的感性才具备了培养、发展的条件。具体而言，通过美育实践促进人的感性发展要做到以下方面。

（1）尊重和培养个性。在美育中非常重要的一点在于，要建立美育与现实生活和历史具体的个体之间的联系，也就是将感性融入美育过程。这是因为，感性是个性的一部分，美育作为一种感性教育，其最基本的宗旨就是尊重和发展学生的感性，也就是尊重和发展学生的个性。概括而言，审美教育是尊重、建构、强化学生个性的本体意义的最重要和效果最明显的选择，这也是美育区别于德育、智育的重要内容。因为，相对于美育，德育强调的是适应于大多数人的道德规范，这种规范的建立在于指导人的个性建立的实践；而智育从根本上尊重和保护个体对未知世界的好奇心和探索欲，尽管如此，不同个体所呈现出的不同的对于这个世界的把握都将与客观存在的某一真理相贴合、相联系，或者相一致。作为一项感性活动，在审美主体和审美对象的选择上，都十分强调个性化、具体化、生动化的眼光、感受、体验、直觉与洞察。

（2）尊重学生感性需要，完善学生感性机能。人的感性机能是人们开展艺术审美活动、获得审美感受的重要媒介，是以情感为核心，又超出情感体验之外的能力，既包括感官层面的机能，如感觉、知觉等，又体现在情感体验层面，如想象、情感等。感性是一个包括心理和生理两方面内容的综合概念，在感性教育层面，其教育核心诚然表现为心理机能的完善，但是生理机能的完善仍旧是其最重要的组成部分。这是因为，健全完善的生理机能是人们开展一切社会活动和实践活动的基础，在人们进行艺术审美实践方面发挥着不可或缺的核心作用。从这个角度来看，在开展艺术审美活动时要重视对人的生理机能的完善、尊重学生的感性需要、凸显人性和人格关怀。

（3）形成良好的审美趣味和审美观念。相对于理性教育对逻辑结论的侧重，感性教育的重点在于把握对象内蕴。但现阶段我国的教育现状是智慧教育占据绝对的主导地位，在这种教育模式影响下，人们看待世界的方式是通过概念和推理，而从实践和体验中获取对世界的直观感知相对要薄弱许多。而事实上，这种直观获取对世界的整体感知的方式要比从概念获得的内容更具体、意识更丰富、影响更深远。这种感性教育在人们用单一的理性认识来感知世界的环境下具有一定的必然性，感性认识的培养和感性认识的直观作用发挥越发显得重要。基于此，可以将美育的实质理解为一种感性教育。

二、学生美育教育管理的创新方法

学生美育教育要将美育教育向以美成人的方向去发展，通过实践、知识、环境、情感以及自我教育等方面共同作用，打造出更符合现代教育理念的美育教育。学生美育教育管理的创新方法包括以下内容。

（一）美育教育的知识传授法

美育教育管理当中，常见的授课形式是通过课堂教学的方式，这也是目前高校教育当中最常用的方法。除了课堂教学方法以外，也有其他一些知识传授的方式。例如，学习宣传法和知识讲授法。学习宣传法就是通过各种舆论和传媒的方式，将美学知识传递给学生，通过给一些学生们创造专题讲座，来让一些知名的专家为学生们传达美的思想，并且在讲座中引发学生们的思考与讨论。这种教学方法覆盖面广，具有很强的影响力，同时，系统性的教学不但能够影响学生，而且能够为学生们创造一个良好的环境，让学生们自主地参与到学习中去。除此之外，知识讲授法也是一个常用的方法之一，通过教育者向学生口头传授美学相关理论知识，这种方法十分常见。知识讲授法在使用过程当中需要注意：教育者所传递的教学内容需要十分准确，对于知识的讲解需要系统又全面，并且具有科学性，在传授理论知识的同时需要注重与实践的结合，通过循序渐进的启发和引导，让学生们有层次地学习。

除此之外，知识传授反映有一些特征，例如，具有直接性。首先，在教育者教学过程当中，教育者必须是能够接受教育的，并且在教学之前教育者与受教育者两方都需要明确教育的开展，这样才能有效实现教育目标；其次，还具有系统性，教育者施行审美教育，是一个长期的过程，受教育群体需要在相对固定的时间地点接受教育，这就需要教育者对教育内容有步骤、有目的、有计划地展开，根据受教育者接受的能力阶段进行不同时期的教育；最后，还有易普及性，一般意义上来看，知识传授只需要一两名专业的教育者就足够对数百名受教育者进行教学活动了，其覆盖面积十分广阔。

教师在课堂上传授美育教育，不仅要将传统的理论知识传授给学生，同时也要引导学生们对于审美的起源和本质进行探索，正确看待审美的价值和规律，掌握基本的创造美的方法。日常学习生活当中，学生们也需要亲自去感受和创造人与自然的美，并且学会有意识地自我鉴别，对美产生正确的评价。例如，"社会美"就可以让学生们主动地与自己对照，找出差距与需要完善的目标，让自己处在一个合适的定位中重新审视自我并完善自我。美的认知需要感性多于理性，所以美与丑不一定有明确的界限。从理性上让学生们认识到美的规律与本质，并且通过一些艺术常识提高学生们的审美能力，让学生们在学习了一些理论知识之后能够将实践运用到生活与学习当中，提升自己的审美能力，同时也能够让学生的人格得到全方位的发展。

（二）美育教育的实践体验法

实践方法在美育教育管理中表现在高校组织的各种审美实践活动中，审美实践活动是最基本的能够提升审美能力的方式之一，也是一个客观改变世界、从而影响主观精神世界的过程。实践活动分为劳动实践、校园活动以及参观访问等。在实践活动过程中，学生们通过亲身经历逐渐形成对美的认知，在潜移默化的体验过程中提升审美能力，亲身实践能够使其从思想意识、感官体验、情感等层面认识到有价值与意义的事件，形成独特的对美的认知，让身心得到和谐发展。体验能够超越理性，让人感知到生命当中的情趣和生命力，在精神上让人得到满足。

以美成人的时间体验能够让学生在体验过程中感受到心理上的变化，实践需要亲身体验，能记录学生们的心路历程，体验需要通过行动与意识互相结合产生综合的反应，实践之后的感受和体验能够通过人的内化与主体化成为精神上的养料。以美成人理念当中，实践体验是一种十分重要的教育方式。学生们通过实践活动可以在审美上将已掌握的理论知识得到应用，同时，也可以在实践中获得新的感受和体验，这可以从客观和主观两个层面增强美育理论的成果，让审美达到新的高度。

美育实践的过程当中需要注意遵循一些原则：就是先要建立一个有效的机制，让实践与认知这两个层面能够更灵活地互相配合，从而形成一种长效机制。大学生的审美过程是有波动性的，通过一次的实践活动，不可能立即提升学生们的审美能力，所以应该通过这种长效机制为大学生们创造更多的实践体验活动，形式灵活地将活动形式进行转变，逐步提高大学生的审美和创造能力。同时，也要通过引导来加强实践体验活动的效果。如果仅仅让学生在形式上参与体验活动，容易流于表面，而没有达到实际的教育效果。所以在实践体验活动中需要受教育者受到一些引导。例如，提前制订体验计划，根据审美现状制定相对应的体验方式，如需要记录和观察学生体验过程中的感受，通过提供一些理论知识和参考对象，让学生们在思想和情感上产生共鸣，在体验活动中达到审美的教育目的。

（三）美育教育的环境熏陶法

环境熏陶法是指通过美的事物和美的文化形成一个美的环境，在受教育者没有意识的前提下，潜移默化地让他们感受到美的熏陶，逐渐形成美的意识形态。大学生们正处于一个思想活跃的阶段，他们身上有许多可以开发的潜质，例如，他们具有诗人的品格、容易被激发起的情感以及浪漫主义气息。同时，他们又有一定的文化知识基础，如果在他们的生活环境中创造美的事物，让美与他们的生活紧密关联，这样就能够让他们在熟悉的生活中不断地被美熏陶和感染，让美育教育事半功倍。大学生生活在校园中，如果学校能够具有良好的人文气息和审美精神，那么这将对大学生的审美教育十分有利。由此可见，以美成人的美育教育想要得到更好的教育效果，那么校园是一个重要的载体。

大学生的素质教育和健康成长都离不开一个良好的校园环境。一个良好的校园环境能够让学生们身心愉悦，同时也能够潜移默化地提升他们的审美格调。这种环境熏陶具有强大的教育力量。校园环境包括校园绿化、配套设施、建筑等方面。例如，建立一个绿树婆娑的校园环境、与校园文化相适应的建筑构造、干净整洁的空间等都是能够让学生们体验和感受校园文化的方式。同时，校园文化活动也能够为学生增强审美教育的心理体验。校园组织的各种活动，如演讲、社团、兴趣小组、读书会等方面的活动，都可以让学生们通过这些活动感受到美的感染力，从而震撼他们的心灵、陶冶他们的情操、逐渐增强他们对真善美的理解。学校要让学生在良好的环境中健康成长，潜移默化地在思想和行动上受到校园的熏陶，具有完善的人格以及得到全面综合的发展。

（四）美育教育的情感共鸣法

情感共鸣法是教师在美育教育的过程当中需要把自己的情感融入课堂，从而让学生们产生情感的共鸣，这是一种通过教师的能力来传授知识、提高学生的觉悟能力、让学生们逐渐养成完善人格的教育方法，这种方式非常注重受教育对象的情感激发。美育教育就是一个把客观对象逐渐内化为情感的过程，所以情感的熏陶和调动是十分重要的。教育者在审美教育过程当中需要通过激发人们的美好情操和积极进取的情感来达到审美教育目标，这种情感是积极向上的。注重学生们的精神进步、启发他们的理性思考有助于他们树立正确的人生观、世界观、价值观。

因为大学生在参加审美活动时具有一定的情感性，所以在培育过程当中一定要注意情感的教育。例如，在教学手段、过程、氛围、语言这四个方面都可以注重情感因素的设置，通过设立一个愉悦的教育环境，让学生们在温馨愉快的气氛当中进行审美能力的学习和提升；在教学过程当中，让学生们独立主动地参与到教学中去，有意识地让学生们去感受美和接受美；教学语言上，可以用生动形象的语言让学生们感受到情感，通过语言的艺术，让学生们接受美的知识、提升美的能力；在教学手段上，可以采用多样化的手段提升学生的学习兴趣，如通过辩论、竞赛、参观等活动让学生们产生浓厚的兴趣，积极主动地参与到教学过程中去，从而产生良好的教学效果。

第四节　学生心理健康教育管理及其创新

高校学生在心理上会有些许困惑和问题，这时心理健康教育就可以为学生传输正确的心理健康知识，帮助学生解答生活、学习、交友等相关方面的疑惑，让学生可以进行自我调节，不让心理问题发展为心理疾病，让学生的身心健康得到良好的发展，学生心理健康教育因此变得尤为重要。

一、学生心理健康教育管理的组织构建

（一）构建网络化心理健康管理组织

随着我国健康教育管理相关政策的不断完善和落实，健康教育管理事业也呈现蓬勃发展的势头，高校应该抓住互联网的时代机遇，并借此之势"因地制宜"地制定并健全相关健康管理制度体系，将学生健康教育管理体系进一步规范为规章条例，构建的健康教育管理体系实施平台要以学生发展中心、心理咨询中心和校医务室三大校内学生管理机构为支撑。利用"互联网＋"时代下信息快速传播的特点，高校要摒弃"班级—辅导员—学院—学校—心理咨询室"的上报机制，转变为及时有效地收集相关心理问题，由学生自主选择干预机制，同时，学生发展中心要将有关案例进行整理，分析、评估影

响大学生心理健康发展的相关因素，并为本校学生制订一系列高校心理健康教育管理方案。

目前的心理健康管理组织只是单纯的自上而下的管理结构，学校设立心理健康管理方面的相关部门由相应的校领导全权负责；在各二级学院内部设立与学校心理健康部门相对应的心理健康管理小组由各二级学院的党委书记担任小组组长，各辅导员担任小组成员，由辅导员负责联系所带班级的心理委员，心理委员统筹本班级各舍长，最后由舍长对舍员进行心理健康管理。同时，心理健康管理组织也要实施自下而上的反馈沟通机制，大学生心理协会要在其中起到关键的作用，给予学生和教师更多的沟通机会，提供各层级服务给每一位需要的同学，保证大学生心理健康管理的及时性、高效性，对于有心理健康问题的学生能够及时地给予关照和帮助，在后续的生活中，能够持续进行监督，从而形成一种双向的、具体的、完善的、科学有效的大学生心理健康管理体系。

（二）对不同学生进行差异化重点管理

基于心理健康管理机制，心理健康管理部门要及时发现有心理健康问题的学生，并为这部分学生建立档案，以便后期的监督与管理。对于有心理健康问题的学生，日常管理要因人而异，即根据每个有心理健康问题的学生的具体情况制定一系列有助于提高其心理健康水平的管理措施，并在后续的管理中充分体现出来。管理措施实施后，学生心理健康情况是否有改善、改善效果如何都应该记录在其档案中。总而言之，构建学生心理健康教育管理体系是大学生心理教育管理的一大重要举措，它也为大学生心理健康管理指导提供了一种新型管理模式。

（三）明确学生心理管理体系责任机制

学生心理健康教育管理的主体显而易见的就是高校大学生群体，但由于大学生群体呈现出正逐步走向成熟但尚未真正成熟的心理特点，高校在开展心理健康教育管理工作时，不可避免地就要面临较大的风险与责任。因此，对大学生健康教育过程中的各个参与主体的责任以法律政策的形式进行强制性规定就显得尤为必要。首先，参与主体必须清醒地认识到严格执行的重要性，积极主动地承担风险；其次，各个参与主体之间要树立风险共担意识，不能因为自身的利益目标而忽略心理健康教育主体；最后，政府主体要在心理健康教育管理过程中起到监督作用，制定相应的惩处措施，并将执行情况纳入个人信用记录。

二、学生心理健康教育中自我意识管理

自我意识的确立是高校学生心理发展的重要标志之一，对于青年高校学生形成健全的人格起着重要作用。高校学生了解自我意识的基本知识，有利于正确认识和评价自身生理和心理状态，有利于正确认识和评价自己与周围的关系，从而树立自信，促进自我心理保健。自我意识就是主体我对客体我的主观认识、体验和调控，是个体对自己多方面知觉的总和。人的自我意识不是生来就有的，它是个体在社会化过程中慢慢形成和发展起来的，是人类特有的心理机能，是人区别于动物的重要标志之一。个体自我意识充分协调的发展对其社会实践活动起着重要的调适作用。

（一）学生自我意识的划分

自我意识是一个包含认识、情感、意志等多种心理机能的完整的、多维度的、多层次的心理系统，按照不同的划分标准，可以被分为不同的"我"。

1. 按照内容进行划分。自我意识分为生理自我、社会自我和心理自我。

（1）生理自我又称物质自我，是自我意识最原始的形态，指个体对自己身体以及客观环境中属于自己的那一部分物质的认识，具体表现为个体对他物的占有感、对他人的支配感以及对自己躯体的爱护感。个体刚刚出生时无法将自己与外部世界区分开来，尚不具备生理自我。但随着年龄的增长和智力的发展，个体在8个月左右开始产生自我意识，并在3岁左右完全实现个体与外部世界的区分。大学期间，个体对自己的身体及其变化特别关注，常常伴随着强烈的自我评价和丰富的自我体验。

（2）社会自我是指个体对自己、对他人关注的反应。例如，对自己的家庭出身、社会关系、社会地位、社会责任和社会义务等的认识。在高校中，多数高校学生都重视社会自我，非常关心"别人是怎么看待我的""我在同学中是否有威望""别人是否尊重我"等问题。

（3）心理自我也称精神自我，指的是个体对其心理活动的感知，即个体

能够感知、调节自己的心理活动的过程、状态和特征，如对自己智力、情感、意志、态度、气质、性格等的认识。心理自我是自我意识的核心内容。

高校学生对自己的生理的、社会的、心理的种种认识往往是紧密联系在一起来进行的。因此，每个高校学生都有独特的对自己的认识形式和内容。

2. 按照形式进行划分。按照形式进行划分，自我意识分为自我认知、自我体验、自我调控等。自我认知包括对自己的身体、外貌、衣着、风度等的认识，对自己的智力、性格、气质、兴趣、能力、记忆、思维等特点的认识。自我体验包括英俊、漂亮、有吸引力、自我悦纳等，自尊、自信、自爱、自豪、自卑、自怜、自恋、自责等，有能力、聪明、优雅、敏感、迟钝、感情丰富、细腻等情感。自我调控包括追求身体的外表、物质欲望的满足，维持家庭的利益等，追求名誉地位、与他人竞争、争取得到他人的好感等，追求信仰、注意行为符合社会规范、注重智慧与能力的发展。

（二）学生自我意识发展特点

高校学生的自我意识在经历了分化、矛盾和统一后逐渐走向成熟，在整个发展过程中呈现出许多新的特点。

1. 自我认知的特点。

（1）全面性特点。大学阶段，高校学生们对自己的认识发生了很大的改变，他们开始关注自己的身体、容貌、衣着等外在东西，注重自己的心理品质和能力特长，如自信、乐观、富有创造力、兴趣特长等内在修养。同时，随着年龄的增长，他们开始关注同伴、教师对自己的评价和看法，对社会角色，社会地位、社会担当有了更多的需求。越来越多的高校学生参与到社会公益活动中，积极从事志愿服务工作——他们走进大山义务支教，走访敬老院看望孤寡老人，为社会公益事业贡献自己的力量。

（2）内隐性特点。高校学生的自我认识开始趋向内部世界，他们不再像中学时代那样率直、外露，他们有了更多的自己的秘密，会把自己的内心世界以日记的方式表达出来或埋在心底。他们开始需要独处的时间和空间，开始思考中学时代不曾想过的问题。同时，他们会有意无意地将自己的缺点隐藏起来。

（3）自觉性特点。大学是高校学生自我审视和人生思考最活跃的阶段，学习期间，他们遇到了许多深刻的课题：将成为一个怎样的人、以后的职业生涯如何设计和发展、最擅长做的事情等。处在人生发展转折期的高校学生总是急切地思考着这些问题，强烈地期待着一个满意的答案。这种思考比少年时期更主动、更自觉，具有较高水平。

2. 自我体验的特点。

（1）丰富性特点。高校学生的自我体验与自我认知一样，也具有丰富性。例如，当同学们通过比较难的考试，或取得某项职业资格证书，或在某个活动中取得傲人的成绩时，成就感和自豪感便油然而生；但当他们意识到自己某些能力较差时，也会有自卑和自惭的体验。一般而言，在自我体验方面，男生比女生更富于活力，但容易急躁；而女生则更热情、内心舒畅感更明显，但容易多愁善感。

（2）波动性特点。自我体验的波动性是高校学生自我意识觉醒的必然规律，大学期间是个体一生发展的重要时期，在这个时期，高校学生们虽然生理上趋向成熟，但心理上还处于发展时期，加上当今经济社会发展不平衡、网络信息高度发达、社会价值观多样、人才竞争激烈、就业问题日益突出等，这些外界种种复杂的刺激使高校学生们应接不暇，所有这些都造成大学生们情绪上的不稳定。他们可能因一时的成功而信心百倍，富有前进的激情，也可能因为一时的失败而产生自卑心理。

（3）深刻性特点。高校学生的自我体验是深刻的，他们的自我体验不仅与自己的个性特点相联系，而且还与自己的生活信念和人格倾向相联系。当自我的生活信念和人格倾向为别人所接纳，或客观事物符合自己的生活信念和人格倾向时，他们就会产生愉快的情感体验，否则就会产生消极、不愉快的体验。

3. 自我调控的特点。

（1）主动性特点。个体自我调控随着年龄的增长逐渐由被动发展为主动。进入大学后，高校学生主动调控自己的能力逐渐增强，独立生活、自主学习、面对社会竞争的能力开始形成，这些都是高校学生主动进行自我调控的结果。

（2）自觉性特点。多数学生在适应高校学习生活后，对大学的学习生活方式，角色定位、人际交往等都有了新的认识和体验，并且进入大学阶段的稳定期，这时，高校学生在自我监督、自我感悟、自我批评、自我教育等方面明显增强，同时，他们不仅是在感知层面上调控自我，而且能够在思想、行为上驾驭自我。

（3）社会性特点。随着高校学生自我意识的增强，高校学生非常希望按照自己的个人意愿学习自己喜欢的专业课程、参加感兴趣的课外活动、选择适合自己的工作。然而，学校、家长、社会往往会对高校学生提出不同的要求，诸多社会现实也会迫使高校学生按照社会标准、社会期望、社会条件来规划自己的未来，这些都让自我调控具有一定的社会性。

（三）学生自我意识健康培养

1. 学会正确认识自我。正确认识自我就是要全面了解自我，包括正确认识自己的外貌、身高等生理特点，气质、兴趣、性格、意志等心理特征，同时包括自己在社会交往环境中的地位和作用、他人对自己的客观评价等。只有正确客观地认识自己，才能科学对待自己的过去、正确设计未来发展之路、选择适合自己的职业方式和生活方式，同时做到理解他人、尊重他人、与他人和谐相处、被社会所接纳。

自我可以分为四个部分，即公开的我、盲目的我、秘密的我和未知的我，这四个"我"被称为"哈里之窗"。"公开的我"是自己知道、别人也知道的那部分。如身高、体重、外貌、性别、籍贯等基本信息。"盲目的我"是自己不知道、但别人很清楚的部分。如一些习惯动作或口头禅以及一些处事方式，我们平时往往容易忽视，但局外人却很清楚。"秘密的我"是自己知道、但别人不知道的那部分。每个人都有不愿意公之于众的事情，这些事情有可能只与至亲至爱的人交流，甚至不与任何人交流。"未知的我"是自己和他人都不知道的那部分。这部分可能是没有开发出来的潜能，也可能是埋在潜意识里面没有被发现的内容。

2. 学会积极悦纳自我。积极悦纳是对自己的本来面目持肯定、认可的态度，是自我体验健康发展的关键和核心。虽然每个人都有缺点和不足，但是积极悦纳自我的人能做到正视自己、坦然接受自己的缺点，并在他人面前真实地表现出来；反之，不能悦纳自己的个体会片面夸大自己的缺点，对自己持悲观态度，并在他人面前掩饰真实的自己。肯定和认同自己的人比否定和不认同自己的人心理健康水平更高，社会功能更健全。

3. 学会有效控制自我。有效地控制自我是健全自我意识、完善自我的根本途径。一般而言，要做到有效控制自我：一方面要培养顽强的意志，发展坚持性和自制力，增强挫折耐受力，为实现目标而努力排除干扰、克服困难；另一方面要建立切实可行的奋斗目标。

4. 学会勇敢超越自我。认识自我、接纳自我都是为了塑造自我、超越自我。对于高校学生而言，超越自我更是终生努力的目标。在行动上，无论对人对事，均全力以赴，使自己的能力品行得到最大限度地发挥。超越是一种境界，更是一种过程，一种"新我、独特的我、最好的我"的形成过程，它不是一帆风顺的，而是需要付出艰辛的努力。

三、学生心理健康教育中情绪健康管理

情绪是一种复杂的心理活动，是个体重要的心理活动，是人类深刻的内心体验与感受。正确了解情绪的产生机制有助于个体理性觉察、适应并控制情绪。情绪是个体对客观事物是否满足自身需求的一种主观态度体验，是人脑对外界客观事物与主体需求之间关系的反应。情绪是复杂的心理活动，它的产生具有一定的目的性、表达具有一定的社会性，它是个体的一种主观感受和意识体验，伴随一定客观的生理反应，通过一定的行为来表达。

在日常生活中，个体与各类客观事物发生联结并对它们产生不同的态度体验。在不同的情绪状态下，个体会出现不同的生理反应，主要表现在心率、血压、呼吸甚至内分泌、消化系统等方面。情绪的表达主要通过个体的外显行为来表达，这些外显行为就是表情，表情主要包括面部表情、肢体动作、语言表情。

（一）情绪类型与功能

1. 情绪的基本类型。

（1）基本情绪和社会性情绪。从情绪产生和发展的角度来看，情绪可分为基本情绪和社会性情绪。基本情绪主要是指与生俱来、不学而能的情绪，与个体的生理需要与之相联系的内心体验，具有独立的外显表情、内部体验、生理神经机制和不同的社会适应功能，如恐惧、焦虑、悲伤、痛苦、满足、

兴趣等。社会性情绪是在基本情绪的基础之上伴随着个体的成长和学习建立的情绪，与个体的社会性需求相联系，如荣誉感、幸福感等。

（2）心境、激情和应激。根据情绪状态发生的强度、持续性和紧张度，可以把情绪状态分为心境、激情和应激三种。心境是一种微弱、平静而持久的带有渲染性的情绪状态，分为消极心境和积极心境。激情是指强度较高但持续时间较短的情感性活动，是一种强烈的、短暂的、爆发性的情绪状态。激情有消极和积极之分，激情状态下人们的认知能力、觉察能力、自制力等可能会降低，消极的激情会使人暂时地丧失理智。应激是在出乎意料的紧迫与危险情况下（如遇到意外事故、自然灾害，发现负性事件的征兆等）引起的高度紧张的情绪状态。在应激状态下，人们往往会出现恐惧、焦虑、紧张等负性情绪。

2. 情绪的主要功能。

（1）信号功能。情绪的外部表现是表情，是一种非语言交际。由于表情具有信号传递功能，人们可以凭借一定的表情来传递情感信息和思想愿望。表情主要包括面部表情、肢体动作、语言表情等，它比言语出现得早。在婴儿不会讲话之前，主要是通过情绪表达与外界进行互动。在成人的人际互动中，人们通过微妙的面部表情、肢体动作、语调语速等来表达个人情绪，这些表情比语言更具生动性和表现力，尤其在语言信息模糊的情况下，人们通过识别他人表情来揣测他人的心思。因此，表情是个体在人际交往中进行情感交流的重要纽带。

（2）动机作用。情绪与动机有着密切关系，主要表现为情绪具有动力性和弥散性的特点，可以调整个体动机的强度。积极的情绪一般可以激励个体，增强个体行动的动机，如愉悦、爱、自信等积极情绪增强了人们的行动能力；负性的情绪往往会降低个体的动力，如痛苦和不自信等负面情绪会降低人们活动的积极性；情绪对动机的影响不是一成不变的，有些情绪既可以增加行动的动力，也可以减低行为的动力；自信可以增强个人斗志，但过度自信也可能会让人乐不思蜀而降低了斗志。

（3）调控功能。情绪的调控功能是指情绪对个体的其他心理活动和行为既有积极的促进作用，也有消极的瓦解作用。一些消极的情绪，如悲哀、愤怒等会干扰或者抑制个体的认知功能，例如考试焦虑。学生在考试时压力大，容易出现紧张、焦虑的情绪，而这些情绪极有可能使得学生注意力无法集中，影响思维的流畅性，从而影响学习效率和考试水平的发挥。

（4）健康功能。情绪的产生往往伴随着各种生理反应，例如，紧张的时候人们会出现心跳加速、血压升高、出汗等变化，这些生理反应会对个人的身心健康造成一定的影响。

（二）学生情绪的特征

1. 情绪体验不稳定。高校学生情绪体验不稳定主要表现为情绪体验的波动性较大且存在两极性，容易从一个极端转变到另一个极端。高校学生由于对外界事物的认识还处于发展阶段，对事物缺乏客观和全面的认识，人生观、价值观、自我认识等还在逐步树立和完善的过程中，对自我缺乏确定和完整的理解和把握，容易被外在环境影响，经常出现自我否定、自我矛盾的现象。因此，高校学生情绪易受外界感染，情绪容易被唤醒，也容易平息。

2. 情绪具有阶段性。高校学生在一年级到四年级的发展任务差异较大，面临的问题不同，因此，高校学生在各年级的情绪体验上有明显的阶段性。新生刚入校更多地体验到的是新奇和迷茫的情绪；大二、大三的学生已经适应高校学习生活，情绪相对稳定；大四的学生开始面临毕业和就业，更多地体验到压力和抉择的矛盾感。一般而言，随着年级的增长、知识水平和修养的提升，高校学生对自我情绪的认识愈加透彻，情绪控制能力增强，高校学生的情绪稳定性增加、波动性减少、社会性情感日益丰富，更多地表现为关心他人。

3. 情绪体验丰富且复杂。随着高校学生自我意识的不断发展，高校学生的自我尊重需要越发强烈，对外界的需求也在不断增加，会对外界客观事物表现出较多的自我体验。在大学校园里，高校学生的成长任务加剧，许多重大生活事件，如人生规划、择业就业、交友等逐渐向高校学生走近，高校学生对人性、人生、社会的思考程度急剧加深，认识也趋于立体化，社会化程度不断提高，个人对事物的情绪体验会比以往更加丰富和复杂。例如，高校学生的交际范围扩大，在与同学、朋友和教师之间的交往中，人际交往的内容和目的也变得多元化，在人际交往中的情绪体验也更为复杂；多数学生离家较远，逐渐出现了思念故乡、思念家人的情绪，在对他人的情绪表达上变得更为细腻和深刻。

4. 情绪体验强烈且表现内隐。高校学生对外部刺激反应迅速、敏感，情绪体验快而强烈，喜怒哀乐常常一触即发。高校学生由于对外界认知不足，缺乏社会阅历，看待问题和评价事物时，缺乏客观全面的依据，对事物或他人的评价往往具有极强的主观色彩。此外，高校学生年轻气盛，对不符合自己行为准则、信念、观点和理想的事件容易迅速出现否定情绪，对符合自己原则、观念的人和事容易产生强烈的肯定情绪，常常出现激情状态，易引发冲动行为。虽然高校学生在意他人评价，对自己和他人的行为容易产生强烈的内心体验，但随着自我意识的发展和知识水平的提升，高校学生的情绪外部表现和内心强烈的情绪体验并不总是一致的，在情绪表达上相对隐晦。

（三）学生情绪健康管理

情绪健康是高校学生心理健康的一项重要指标，情绪异常往往是心理异常的信号。高校学生处于一个富有激情的阶段，容易与外界产生冲突和摩擦，比较容易出现情绪困扰。因此，高校学生在学习专业知识的同时，需要了解自身的情绪特点，提高自身觉察、适应、控制情绪的能力，学会情绪管理。情绪管理是指对情绪进行调节和控制的过程，它不仅是对强烈感受和过高生理唤醒的情绪进行抑制，也是对较低情绪的维持和增强的过程，从而保证个体能在大部分时间内保持良好的心境。

1. 学会理性认识情绪。情绪的变化会受外部环境和个人特质的影响，管理自己的情绪，需要先学会认识自己的情绪、掌握自身情绪发展的特点，从而有根据地寻找具体的情绪控制与调节的办法。

（1）高校学生正在逐步完成从学生到社会人的角色转变，走向成熟和独立的人生阶段。在这个转变的过程中，高校学生将会面临各种各样的发展任务，在这些压力和挑战面前，由于自身未完全发育成熟的心理和有限的知识、经验和阅历，非常容易被各类情绪困扰。高校学生应以健康的心态接受这个事实、正视各类情绪困扰，并发挥自己的主观能动性努力控制自己的情绪。

（2）高校学生应掌握一些科学知识，分析自身情绪产生的原因，有针对性地寻找调节情绪的方法。情绪不是由外界刺激引起，而是由个人对外界刺激的看法引起，当个体自身的认知中存在一些不合理的信念时，就会产生一些不良情绪。高校学生可以审视一下自己是否存在一些不合理的信念，检测自己的情绪是否合理，从而有针对性地进行调整。

2. 合理表达和调节情绪。高校学生应学会积极、健康、恰当地表达和调节自己的情绪，正确表达和释放自己的情绪。

（1）合理抒发情绪。情绪抒发是释放心理能量的过程，是达到心理平衡的重要方式。高校学生在日常生活中要学会合理地抒发情绪，寻找一个正常的抒发通道，例如，找朋友、家人或者教师进行倾诉，写日记、唱歌、呐喊、慢跑、快走、跳舞等，避免因为情绪过度强烈而引发过激行为。

（2）转移情绪。当觉察到自己的某些情绪影响到当下的生活或者正在进行的任务时，一味地回避和压抑自己的情绪比较难，这时可以通过转移话题或者任务来分散自己对不良情绪的注意力，防止不良情绪的增强和蔓延。同时，可以通过新的话题和任务来激发自身积极的情绪体验。例如，可以暂时离开引发情绪的场所，或者到户外呼吸新鲜空气，平复一下内心。在转移情绪的时候，避免使用对自身有害的方法。

（3）升华情绪。升华情绪是指通过合理的方式方法把内心压抑的情绪转变为人们接受、社会赞许的行为。每一种情绪都有其存在的合理性和价值，消极情绪也是。高校学生应学会在消极的情绪中把握自己的不足，敢于面对现实、承认现实、接受现实，寻找消极情绪的原因，将消极情绪升华为自我完善和超越的动力。

（4）放松情绪。在面对极度的愤怒、焦虑、紧张等情绪时，高校学生要学会通过放松来释放心理能量，例如，通过自我暗示、倾听音乐、呼吸放松、想象放松、肌肉放松等小技能来舒缓自己的情绪，达到内心的平衡。

3. 努力培养积极的情绪。积极的情绪有利于个体身心健康，高校学生不仅要学会通过控制自身的不良情绪来适应环境，同时需要努力培养积极的情绪，发挥良好情绪的功能，促进自身的全面发展。

（1）情绪是个体对自身需要是否满足而产生的态度体验，在实际生活中，高校学生需要在客观分析自己能力和特长的基础上不断地挖掘自身的优势，建立合适的期待值，学会扬长避短、善待自己，从而培养自身的积极情绪。

（2）高校学生需要积极参加各类健康向上的文娱活动，努力培养自身健康的兴趣爱好，如音乐、舞蹈、摄影、绘画、书法、运动等。当一个人全神贯注地做一件事情时，往往能感受强烈的充实感等，达到乐而忘忧的境界。拥有兴趣爱好不仅可以激发自身愉悦的情绪体验，还为自己创造了转移情绪的方式和途径。

（3）高校学生需要建立积极的思维方式，培养正向建构的能力，善于发现事物中的积极因素，消除或减少负性情绪，塑造积极开朗、乐观向上的性格和人生态度。

四、学生心理健康教育管理的创新策略

（一）促进学生心理健康教育管理的全员参与

第一，有意识地将心理健康教育内容渗透到学科教育中。要让教师更重视心理健康教育并积极推广，需要学校建立心理健康教育资源库。这样，教师就可以在教学中嵌入合适的心理健康教育内容。为了做好这方面的工作，需要在日常生活中收集和储备有关教育素材，包括图片、视频、电影、案例资源、音乐等。

第二，开展多样化的心理健康辅导活动。要突破常规，不要拘泥于形式，只要是对学生心理健康教育有意义的活动，都可以采取与进行。定期举办以心理健康教育为主题的大讲堂活动，邀请"榜样人物"来校做讲座，举办歌舞比赛，在学校宿舍放置专门的信箱，帮助他们释放压力的同时给他们带来积极向上的活力。

第三，提高全校教师的心理素质。让教师健康良好的行为表现为学生起到引领和表率作用。在此基础上，也应加强学校、社会及家长等多方面的合作，合力营造良好的心理健康管理环境。

第四，注重社会实践基地建设。高校可配合课程内容的需要，与有关单位合作，如脑科医院、心理医院、精神医院、监狱、戒毒所等，将这类单位作为开展大学生日常教育的社会实践基地。另外，高校也可通过组织学生进社区、下基层等形式开展社会义务工作和与心理健康教育相关的社会调查类活动，以促进学生心理健康教育的内化。

（二）创新学生心理健康教育管理的课程教学

就教学内容而言，除了心理健康课外，可根据大学生实际需要开设就业

与心理、恋爱与心理、压力与心理健康等教育课程，缓解应届毕业生就业压力和提高大学生群体抗击打的心理能力；与此同时，面向大学生开设心理学相关方面的选修课程、心理健康教育专题或开展系统的心理知识培训，让学生更多地了解和自觉地调适心理压力与心理问题。就教学方式与手段而言，一般的课堂教学在传授心理学知识的同时，还要注重提升学生的学习兴趣。教学方式包括但不限于开放式教学、互动式教学、情景式教学以及实验性教学等"互联网+"下衍生出的新型教学模式。

开放式教学是指课堂的开放，可以让更多的同学进入课堂听课学习。在学校食堂等地通过知识图片的展览、短小的科教电影放映、主题沙龙研讨活动等方式，让大学生群体在放松自然的情境下顺其自然地接受心理健康教育，并认识到正视心理问题的重要性以及学会舒缓压力与调整心态的必要性。

互动式教学可以让学生参与到具体的活动中去，其主要表现在：一是让学生直接参与到组织的心理健康教育活动中去，他们既是活动的组织者，也是活动的受教者，参与这些活动能潜移默化地提高其心理素质；二是让学生参与教学内容和教学形式的选择，以使学生在查阅教学内容的同时自觉地提高对相关问题的认知，让大学生在心理健康管理相关活动中从活动的参与者向活动的组织者转变，可以说这一方法在增加学生参与度的同时也提高了教学效果。

情景式教学可以通过情景剧和心理健康咨询情景的模仿来实现，这一模式不仅要求学生要有充足的课前准备，如广泛地查询相关知识以备表现之用，同时，也通过学生作为心理咨询师和剧中人物，得以从心理上锻炼自己，因而教学效果显著。

需要注意的是，不同的教学内容要与不同的教学方式和手段相适应，同时，师生还要有较多的课后时间与精力做准备和配合。因此，大学生心理健康管理要因人而异、因地制宜，对于在各高校不同的地理环境、人文素养下大学生群体所表现出的具体心理情况，要综合考虑并选择适当的教学模式。

（三）加强学生心理健康教育管理的人员配备

第一，心理学专业教师队伍的建设。学校在适当引进专业教师的同时，更要考察教师的专业素养和相关经验与经历。条件许可时，可引进行业专家进行指导和培训，以充实专业教师的整体素质和水平，从而提高学校的心理健康教育与咨询服务的层次。同时，也可以聘请社会上专业的心理咨询师，这部分人既有丰富的咨询经验，又有扎实的专业功底。

第二，辅导员开展心理健康教育工作的师资建设。从某种意义上而言，辅导员更是学生心理健康教育的主力军。他们几乎每天都与学生接触，也比普通的任课教师更了解学生有怎样的心理压力以及心理健康状况。因而，他们能够第一时间发现学生心理健康问题，并及时出现在学生面前开展实质性的帮助和疏导。同时，辅导员也是班级心理辅导活动的带领者和组织者。相较于校级组织的心理咨询活动，班级内部的心理座谈会更容易让碍于情面、害怕非议的大学生群体接受。故而，提升辅导员队伍的心理健康专业教育水平意义重大，这就要求学校要对这部分任职教师进行系统性的培训，以确保大学生心理健康教育管理工作的高效进行。

第三，任课教师队伍重视心理健康教育工作的意识建设。任课教师虽与上面两类教师的专业和承担的任务不同，但他们本身的形象、课堂以及教学内容都会对学生产生一种潜移默化的影响。任课教师对每位学生鼓励和欣赏的眼神，耐心听取学生的话语或意愿的交流和沟通以及课业测试公平公开公正的结果等都会给学生的心理带来好的影响，也有利于缓解存在心理健康问题学生的负面情绪。因此，任课教师队伍要清楚自己的地位，明白自身对大学生心理健康管理水平的提高所起到的作用，学校要充分意识到这支隐形的心理健康教育师资队伍存在的重要性。

第五章

学生就业管理工作及优化创新

第一节　学生职业规划与就业引导解读

一、学生的职业规划

职业的出现是随着社会的不断进步以及经济的持续发展而社会分工的结果。职业具有以下重要性。

第一，经济重要性。从出现的角度看，职业的产生源自生产分工，在经济发展到一定阶段就一定会出现这样的结果，是历史发展的必然。从个体生存的角度来看，人们依靠工作来获得经济收入，每份工作背后都代表了一份职业，是个体能够在社会中生存的重要途径。从社会建设的角度看，职业是社会经济运行的重要支柱，能够为社会创造劳动财富，为社会的发展提供了必不可少的物质基础。从经济发展的角度来看，经济发展可以促进社会分工的改善，从而创造新的就业岗位。

第二，社会重要性。职业的产生和社会发展息息相关，是必然产物。就业岗位的出现反映了社会分工的完善。新工作岗位的出现意味着社会分工得到了有效改善。社会成员在社会上从事着不同的职业，社会才能持续发展。

第三，技术重要性。一个职业的出现意味着一个特定工作必须由具有特定才能的人从事，这个人必须具备完成该工作任务的能力，满足高水平的专业工作要求。因此，每个职业都有一定职责，要求从业者的知识完备、技能熟练，这主要体现在对从业者的学历、专业资格、专业技能水平等都有特定的要求。只有工作人员符合各项工作要求，才能够从事这个职业的相关工作。

第四，群体重要性。一个职业的出现必然是很多人从事一个特定的职业后才形成一个特定的职业，一个人也可以从事多个职业。当从事同一种工作的人的数量达到了一定规模且被社会认可时，这份工作就可以称为一个职业，所以，这个职业具有鲜明的群体特征。

第五，发展重要性。职业一直都处于动态变化中，它的发展深受社会经济、技术和文化等多方面因素的影响。社会经济、科技水平和文化发展程度都会导致社会职业的变化，有的职业在社会发展中消失了，但同时也会有新的职业出现。因此，职业有自身的发展性，职业发展离不开社会环境的发展。

（一）学生职业规划遵循的原则

每个人的条件不同，其职业目标也不可能完全相同，但确定目标的原则是相同的，学生职业规划必须遵循 SMART 原则。

第一，S（sequential）——连续性。职业目标的设立必须连续、系统。同一时期的目标不宜过多，应该集中为一个，即一个时期一个目标，实现一个目标后，再实现另一个目标。

第二，M（measurable）——明确性。职业目标必须明确、细致，如要参加哪些活动、做哪些事情、大致的时间安排，应该有明确的指标作为衡量是否完成规划的依据。例如，时间：用一年完成还是三年完成；程度：如通过外语四级还是六级等。量化的标准便于评估目标的完成，也便于有针对性地制定相应措施。

第三，A（attainable）——可行性。职业目标就好比产品，只有产品具有市场，才会大量生产。所以，在确定职业目标时，应该充分地考虑内外环境的需求，并重点关注社会和组织的需求，从自身的实际情况出发来实现职业目标等。若是不能实现目标，那么也就没有必要进行目标规划了。

第四，R（relevant）——关联性。要根据个人的性格、特长、优势和兴趣等优势性进行职业规划。只有以优势为基础来设立目标，才能在实现目标的过程中保持高度的积极性和自主性。自身是个人发展的内在动力所在，而外界因素对职业生涯规划的影响作用是次要的。所以，要从个人的实际情况来制订个人计划，不能脱离实际。

第五，T（time-based）——时限性。时间的限制性也是职业目标的重要特征，有利于促进具体目标的按时完成。若是缺少时间限制这一因素，将不利于职业规划的如期完成，无法达到职业目标。因此，要合理地规划职业目标的时间长短。长期目标有利于让人们对发展方向予以明确，不断地奋斗，避免半途而废；而长期目标是建立在短期目标的基础上，尤其是规划职业生涯时，设立短期目标并不断地实现，有利于获得成就感和奋斗感，从而使人向着更远大的目标前进。

（二）学生职业规划的具体步骤

1. 学生自我评价。个体差异是必然的，每个人的个性特征、能力模式都具有独特性，而且职业和某种能力的个人模式形成之间具有某种关联。任何一个职业的环境、条件、方式以及性质也各有差异，所以会要求工作者具备不同的性格、气质、知识和能力等。每个人都应该从不同的个性特征来选择职业种类，并形成自己的职业决策，从而使得个人和职业之间更加匹配。只有保持个人特征和职业环境的高度统一，才能算得上是匹配得当，从而较大程度地提高职业成功率。若非如此，则可能造成职业无法取得大的成就。所以，从组织和个人的角度来看，个人和职业的匹配是职业决策必不可少的环节。但在这之前，要充分认识和了解自己的个体特征。

认知自我是漫长、艰险的过程，虽然客观、理智地认识和解析自己是艰难的，但是只有静下心来才能为职业生涯规划做好最理性的自我评价。因此，大学生应该先了解人才测评量表的测试指导后再进行自我评价，而且需要保持安静的环境和平静的心情来进行这项工作，使得评价更加贴合自己的真实情况，确保结果的准确性。此外，还可利用分析关键事件、访谈以及360°评估等非标准的评估方法来进行自我评估，有效地提升对自我的认识，促进大学生了解和把握自己的价值取向、行为风格、个性特征以及职业兴趣。

大学生进行自我评价要坚持主观与客观相结合的原则。大学生只有对自身进行全面的评价，才能更好地、更有效地认识自己。事实上，个人应该经常性地评估自己，不过这种评价一般不具备系统性和必然性，所以，其科学性也不强。想要确保自我评价的系统性和全面性，就需要合理运用专业的职业生涯测评系统。职业生涯测评系统需要结合各个学科，如组织行为学、人事测量学、统计学、管理学和心理学等知识，并能够全面系统地了解和掌握被测试者的职业性格、职业能力、职业价值和职业兴趣等，从而深入地了解自己的性格、能力、特长、兴趣和个性等，并且对自己的潜能和不足都有充分认识，如此才能算是完善合理的职业生涯测评过程。个人自我评价的显著特征就是主观性，哪怕采用职业生涯测评系统进行评价，也不能改变这一特征。所以，在职业生涯规划时，需要结合自我评价和他人评价。朋友、亲人等的评估有利于个人更加客观、真实地认识到自己的特长和不足等。

2. 外部环境分析。经济的不断发展、科学技术的进步导致市场竞争日益加剧，对工作者也提出新的要求，从而影响着个人的人生发展和价值体现。所以，在个人职业生涯规划过程中，需要大学生充分地把握环境条件、环境发展变化等因素，并找出环境因素对自己的有利和不利影响。对环境因素的认识有利于其在职业规划中有效地避开不利影响，发挥有利因素的作用，促进自己职业的发展。同时，要增加大学生和实际工作的接触机会，帮助大学生全面系统地了解职业环境，具体而言可以采用以下方式：一是亲身体验。大学生应该在节假日和寒暑假时参加目标企业或者类似企业的实习，并用职业人的要求来规范自己的行为，从而更好地接触到目标职业岗位的实际需求。一方面，通过岗位上的实习经历，可以更好地感受到企业的人才需求、把握工作性质等；另一方面，还能检测和评估自己对工作的适应能力，从而提高职业匹配程度，有利于科学合理地职业决策。二是生涯人物访谈。大学生还应该利用一切关系争取和生涯人物面对面地交流和沟通，采访行业里的成功者，从而能够更好地把握行业的发展趋势和行业特征以及更好地制订学习计划。

外部环境分析要坚持整体与局部相结合的原则，个人发展的前提条件就是外部环境。在追求个人发展时要充分结合现实情况，准确地判断形势，并综合各种机会的优势，从而实现人生价值和职业规划。外部环境的影响作用是制定职业生涯规划不可缺少的影响因素，只有评估和衡量各种外部环境因素，才能让职业规划更加科学化、系统化。所以，对外部环境的特征、变化情况和发展趋势予以客观把握，才能更好地发现自身的优势和不足，从而及时地调整目标，增加职业规划的可行性，并使自身的职业发展符合社会发展需求。

　　大学生在制定职业生涯规划过程中不但要结合个人的条件，而且要考虑社会需要。只有分析社会整体经济发展状况、了解新兴产业和新经济特征等的影响作用、把握社会人才结构变化，才能更好地实现职业生涯规划的科学性和可行性，并促进自身的长远发展。职业生涯规划也会受到社会政治、经济、文化的影响，上述影响因素又会相互联系、相互作用。一个产业的兴起或者消亡可能只是一个政策的影响，所以，职业生涯规划分析中也不能忽视社会政治、经济和文化的作用。职业生涯规划中要充分考虑社会一般宏观分析的影响，但又不能全部依赖于社会一般宏观分析。

　　3. 确定职业目标。在职业生涯规划中，确定目标是最为关键的内容。应该在基于外部环境分析和自我评估的前提下确定职业方向和职业目标。大学生进行职业定位时要考虑到以下因素的匹配情况：一是职业和兴趣是否匹配；二是职业和个人特长是否匹配；三是职业和自己的专业是否匹配；四是个人愿望和社会需求是否匹配，如此才能使得职业选择更加符合自己的特长和兴趣，自己也能更好地适应社会发展的需求。现在大学生就业难已经成为严重的社会问题，大学生应该树立起不怕苦、不怕累的精神，从基层做起，逐步实现自己的人生价值。大学生应该根据实际情况及时地调整和转变就业期望，从就业岗位和就业领域上进行相应调整，从而确保自己能够顺利就业。

　　确定职业目标，要坚持理想与现实相结合的原则。理想对个人的目标实现和前进方向都具有积极的推动作用，是人们为之奋斗的内在动力。因此，在职业生涯规划中先要确定职业理想，这也是非常关键的。很多成功经验证明，只有合理、科学地设计和规划，才能成就自己的事业、体现自己的人生价值。受有限时间和环境的影响，大学生有必要先明确自己的职业理想，然后集中主要精力为理想而奋斗，才能获得更大的事业成就。在确定自己的职业目标时一定要根据实际情况，不能空想。学生对行业和具体职位的认识还比较有限，对真实的职业环境也没有切身体验，所以职业目标往往会过于理想，跟实际相差较远，难以实现。大学生对待遇好、环境优的工作比较青睐也是情有可原的，不过需要根据实际情况来调整工资薪酬、单位属性、就业地域和职业目标等期望，只有这样，才能顺利地完成就业。

　　4. 实施行动计划。行动计划包括两个方面：一是长期计划，它会受到各种不确定因素的影响和制约；二是短期计划，它是为了有效防止长期计划被不利影响所影响而制定的，并成为完成长期计划的基础和基石。职业目标一旦确定，就要付诸行动。大学生制订行动计划时需要以职业目标为依据，并保证其具备针对性和明确性等特征，尤其是大学生毕业后的五年计划更为重要，作用也更为突出。要根据轻重缓急来确定计划、合理地管理、防止不利因素的影响等都要采取行动才能有所成效。近期计划应该具体到每一周应该做的事情才能促进长期计划的实现。大学生应该制订自己的行动方案，为以后的就业创造机会。

制订行动计划需要特别注意两个方面：首先，分解和组合行动目标。需要根据时间长短来划分目标，如一年以内的目标作为短期目标，两至五年的目标称为中期目标，十年以上的目标称为长期目标等，并将目标细分为专业技术能力、可迁移能力等能力目标；专业、证书等知识目标；学生工作、实习和兼职的实践目标等。其次，结合各个目标来促进总体目标的实现。要制订一套方案来有效地减少差距。先理性认识自己和目标之间的差距，然后再采取措施减少自身和目标之间的距离。

实施行动计划要坚持学习与实践相结合的原则。行动是明确职业生涯目标后最重要的步骤。简言之，就是为了达到目标而采取的具体措施和行为等，可以分为工作上、训练上以及学习上等方面。在校大学生的主要目标就是完成知识的学习和积累。只有做好这一准备工作，才能更好地制定职业规划目标，帮助自己更好地获得就业机会。所以，职业生涯规划的实施既离不开职业工作能力的不断提升，也不能缺少专业技能和专业知识体系的构建。当然，也有一部分大学生认识到学习的重要性，并非常注重对专业知识和专业技能的掌握，以此来作为找到好工作的敲门砖。因此，很多大学生虽然都顺利通过英语四六级考试，但英语的实际应用能力却比较弱，也没有相关的社会职业实践经验。社会实践是检验所学是否是社会所需的唯一方法，并有助于检查自己工作能力的高低，这也需要受到高校的重点关注。所以，适量的职业训练对于大学生的能力提升而言非常关键，有利于其综合素质的提高，以便毕业后更好地适应社会发展，找准自己的定位，使自己的社交能力、实际操作能力、组织管理能力、自我发展能力、心理调适能力等都更加符合社会发展的需要。

5. 修正反馈规划。只有及时地修正和评价职业生涯规划内容，才能确保职业生涯规划落实到位。从大学生的角度来看，可以从修正各个时期的目标、及时调整和变更计划和措施、重新选择职业方向等方面反馈和调整职业规划。

（三）学生职业规划的分期实施

1. 职业规划的探索期。职业规划的探索要重视以下能力的培养。

（1）个人能力的培养。首先是学习能力的培养，必须学会主动学习；其次要注重基础课的学习，因为它包含发现问题、解决问题的能力，逻辑推理能力，形象思维能力，演绎归纳能力；再次要学会独立处理人际关系，学会交流与沟通；最后要学会尊重自己、尊重他人，还要学会忍耐寂寞与孤独。

（2）个人兴趣的培养。大学是大部分人的重要人生转折点，也是大多数人接触他人及社会的第一步，所以，在这美好的大学时光中，大学生应发现并发展自己的兴趣爱好。大学的学习方式和生活习惯同之前的初高中相比有很明显的差异，大学的学习生活主要依靠学生自身，无论何时都需要亲力亲为，离开父母的照顾与庇护，无论做哪些事情都需要更加主动和积极。如今的教育方式和环境同以前也有很大的改变和进步，在拥有良好教育环境的同时，大学生更应当积极探索、开阔视野、努力培养自己的个人兴趣，并为之持续努力和奋斗。

（3）计划性的培养。随着生活水平的提高，大部分学生的动手实践能力与独立自主能力正在迅速降低。所以，在大学生活中，学生需要有组织、有计划地完善自己的生活和学习，以此来提高生活品质。

（4）养成调查研究的习惯。对于初入社会的大学生而言，他们对很多事情通常考虑得都很简单，对于大多数事物，往往被其表面现象所迷惑。为了改变这一现象，大学生们应当养成调查研究的好习惯，遇事多思考、多调查，才能探寻到事物的真正本质。

（5）培养处理危机的能力。人生的危险与机遇常伴，大多数时候人们可以提前预知并谨慎处理，但总会有突如其来的意外让人们功亏一篑，这时只有少数人能够吸取教训、走出逆境，大部分人会因此而一蹶不振、轻言放弃。所以，学生们应当培养相应的危机处理能力，遇到困难时要勇于面对、咬牙克服，在挫折和困难中磨炼出过人的受挫能力与坚强的意志。在日后面对生活中突如其来的危机和挫折时，能够冷静分析、镇定处理。

（6）学会理财的能力。"财"不单单是指学生应当拥有一定的生财之道，或是能够合理地规划自己的财富。换言之，学生们应当拥有一定的学习能力，对自己有提升或是帮助的技艺能力都值得虚心求教、认真学习。除此之外，还要在实际生活中熟练地运用相应的理财能力。

（7）表达能力的培养。表达能力是学生除了专业知识和技能之外最重要的能力之一，一个人优秀的表达能力主要体现在语言表达和文字表达上。善于表达的人，能够在各种情况下镇定自若，在别人毫无察觉的情况下展现自己。因此，学生们应当在生活中的各种社交活动、交流会、演说比赛中虚心学习、逐步提升。

（8）适应能力。适应能力也是初入社会必备的重要能力之一，其表现形式有很多种，包括相应的自我控制能力和遇事时能够辨别是非的能力。

（9）学会认输和放弃。不同的人有各自擅长的领域，在必要时候要学会认输和放弃，虚心求教、勤学好问才是最正确的做法。

（10）学会欣赏。欣赏是中华民族的传统美德之一，正确的欣赏包括欣赏他人和欣赏自己。在日常的生活中，应当学会欣赏他人的付出与努力，并在一定程度上能够欣赏自己、肯定自己。

上述的能力与技巧都是大学生必备的基础能力，但是想要很好地具备这些能力，就必须要在平时的生活当中严格要求自己，虚心学习，不断进步。除此之外，大学生还要在学习过程中了解一些相应的职业状况，学习一些经验思想，为日后的职业规划奠定基础。个别对自身要求严格的同学还可以提前了解相关职位的入职要求，为自己日后的工作职业提前做好充分准备。

2. 职业规划的定向期。在大学的定向期，学生需要大致确定自己的职业方向，了解相应的职业需求并为之做好充足准备。因此，需要制订相应的计划方案：要清楚自身的需求，明确自己的兴趣，确定自身的目标；要对自身的未来有一定规划；积极参加学校主办的社交性活动，如学校的各类社团和各部门的学生会，在此期间抓紧机会积极锻炼，努力培养自身的各项能力，合理运用和检验自身所具备的知识能力；除了学习生活外，尝试参与一些与自身能力相切合的工作或兼职，在工作中，收获许多在书本上学不到的知识与技能，还能够提升自身的责任感以及提高自己的动手实践能力，并将所学知识应用到实际工作中去；要重视英语口语的训练和学习，熟练掌握相关的计算机能力，积极参加相应的级别证书考试，在课余时间学习其他对自身有帮助的科目，拓宽自己的知识面，提高自身的综合能力。

3. 职业规划的准备期。职业生涯设计准备期的目标是掌握求职技能，为择业做好准备，具体的实施方案包括：在加强专业知识学习的同时考取与目标职业有关的职业资格证书或通过相应的职业技能鉴定；了解、收集就业信息的渠道，向学长、学姐了解往年的求职情况，学习撰写简历、求职信的方法和技巧；了解相关行业和企业的情况。如果准备出国留学或考研，应先了解相关留学信息和学校信息，然后开始准备工作。

4. 职业规划的冲刺期。职业生涯设计冲刺期的目标是成功就业，具体的实施方案包括方面：深入了解相关行业和企业信息，再次检查自己的职业选择是否明智；强化求职技巧，进行模拟面试训练等；积极参加各类招聘活动，向用人单位提交简历，参加用人单位组织的面试等。

二、学生的就业引导

（一）学生就业引导的重要作用

第一，和谐社会创建的本质要求就是要建设和谐校园。大学在社会系统中扮演着重要的角色。大学可以传播知识，为社会培养所需要的人才，在大学汇聚了一大批优秀的人才和精英。和谐校园是文明进步的表现，大学有着鲜明的时代特征，大学能够促进整个社会的发展。因此，构建和谐社会、建设和谐校园刻不容缓，积极促进社会和谐是学校需要担负的重要历史使命。

第二，加强和改进大学的就业指导工作。就业指导是校园建设必不可少的一项内容，也是提高大学就业率的基础。毕业生就业情况是衡量大学是否做好高等教育的重要标准，也是衡量大学办学水平和质量的重要依据。大学毕业生的就业情况是大学办学水平和质量的标志和体现。大学的就业情况需要满足多方的需要，这是学校和社会发展的需要，同时也是学生个人及背后的家庭的需要。可见，开展毕业指导工作意义重大，通过就业指导可以帮助学生正确选择职业，提前了解当下社会各职业的就业前景，最终衡量自己的实际需求及个人能力，找到适合自己的工作，这对营造和谐校园起到非常重要的作用。

第三，在就业指导工作开展过程中坚持"以人为本"科学发展观。"以人为本"科学发展观是建设和谐校园理念的核心。学生的就业不是小事，就业是学生最为关注的一个问题。加强和改进就业指导，旨在将学生需求与社会需求结合，帮助学生找到适合自己的工作，使学生在进入社会后能够做好现代化建设工作，为社会的发展献出自己的力量，在工作中能够为社会创造劳动财富，实现自身价值。

第四，和谐校园建设是高校就业指导的基础。创建和谐校园与学校就业指导目标的实现是相一致的，和谐校园的建设不仅促进了高校就业指导工作逐渐完善，也为高层次的就业指导水平奠定了坚实的基础。做好校内指导工作对社会发展非常重要。

（二）学生就业制度的具体指导

目前，我国高校学生的就业压力会持续增加主要是由于市场经济的加速转型和大众化教育程度的扩大化，因此导致社会劳动力就业市场出现吸纳力不足的情况。于是，我国劳动力市场出现新矛盾，即高校学生就业难。就业制度是一种体系，即特定的指导劳动就业工作应该遵守的行为规范和工作标准，该体系是国家依据不同时期社会与人才供需状况以及社会的政治经济状况而定，其根本是既要保障人们合法取得就业岗位，又要维护社会就业行为的正常秩序，并充分利用人力资源来实现供需平衡。

1. 就业准入的指导。就业准入是一种劳动就业制度，是政府或行业组织对从业者是否能够顺利进入行业而提出的明确要求，并按相关规定实行就业准入控制。"就业准入"职业资格证书是指劳动者期望进入某个行业必须具备的某种专业知识与技能的证明，其考核劳动者的专业技能水平或职业资格，需要按照国家规定的职业任职资格条件，由政府认定的考核鉴定机构来把关。

培训、考核和持证上岗是就业准入制度的三个核心要素。培训，即对劳动者即将进入的某一行业或某一职业必备的专业理论知识和技能进行培训。考核，即劳动者是否能胜任所在职位的必备条件。持证上岗是就业准入制度的最后一个核心要素，即用人单位根据行业准入原则招聘并录用持有国家认证许可证书的劳动者。劳动者经过专业的职业培训，获得即将从事某种职业所必需的专业理论知识与技能，劳动者本人的就业与适应变化能力在这一过程中必将增强。

2. 人才聘用的指导。公平、平等、竞争、择优是人才聘用制度的核心内容，对建立吸纳优秀人才、充分发挥才华的选人、用人机制非常具有优势。人才聘用制度是事业单位或国有企业对人才选拔与任用的规章制度的总称。目前，我国国有企业已建立起较为完善的人才聘用制度。例如，企业在选拔专业技术人员或者管理者时可以双向选择。企业除了应由出资人管理与应由法定程序产生、更换的专业技术人员以及管理者不能更换外，招聘优秀人才的范围可扩大到全国。凡是符合招聘条件、一旦被录用的人员，都要签订相应的劳动合同。

我国多数事业单位现阶段在人才聘用方面实行的聘用制度，尊重事业单位与职工双方的意愿和权益，双方在意愿达成一致的基础上签订相关劳动合同，即确定事业单位与职工在法律上的人事关系，同时，明确双方应尽的义务和责任。人才聘用制度的推行实现了两个重大转变：一个是行政依附向法制管理的转变；另一个是行政依附关系转向平等人事主体关系。这两大转变在一定程度上实现了劳动力就业的公平、公正和公开，对维护单位和职工的合法权益大有益处。

（三）学生就业形势的具体指导

高等教育大众化以15%和50%作为划分标准将高等教育分成三个阶段："精英化""大众化""普及化"。目前，我国已经全面进入高等教育大众化阶段。现阶段，高校学生面临的就业形势主要包括：高校学生数量剧增、高校学生就业难加剧、高校学生数量呈跳跃式增长，而社会对人才的需求则比较缓慢或是与往年持平；就业结构性失衡现象严重，主要表现为地区失衡、学历失衡、学科专业失衡；就业渠道向非公有制单位转变。

随着高校学生数量的逐渐增多，传统的高校学生就业渠道已经发生了变化，实现了由原来的政府部门、国企、事业单位就业向非公有制单位的转变。虽然近年来高校学生报考公务员出现了前所未有的热潮，但真正录取的是少数。处在国民经济和社会发展承上启下的一个重要时期，从各方面因素而言，我国当前就业总体上挑战多于机遇，失业率呈现出逐年上升的趋势。高校学生自主创业比例持续上升，大学高校学生创业的主要动因是"理想就是成为创业者""有好的创业项目",其中属于机会型创业的高校学生占创业总体较大比重。培养创业意识是提升大学高校学生自主创业能力的有效途径。

第二节　学生的职业规划教育服务机制

一、创设职业规划教育的专业服务团队

学生的职业规划教育需要匹配相应的教师,需要建立一支师资力量强大的教学队伍。师资队伍对学生生涯规划的构建非常重要,学校在建立职业规划设计队伍的过程中,需要联系学校为学生设立的人才培养目标来匹配教师。教师的招聘可以是多种形式的,可以兼职,也可以是专职的,还可以是从其他企业中借调过来指导的。此外,学校还应该建立职业指导授课团队。授课团队中应包含学校各个年级的辅导员,辅导员的存在是授课团队的基础。另外,还应该聘请专家学者负责指导学生的职业规划,学校还应该为职业指导授课团队中的教师提供专业的培训,让教师掌握就业过程当中涉及的人力资源知识、管理学知识、教育学知识。从教师的角度来讲,作为职业指导授课团队的一员,应督促自己学习,要主动付出,换一种思维方式,从学生的角度考虑学生的需求,以此来更好地满足学生的需求。团队中的专业指导教师应该是由具有一定社会威望或专业知识能力过强的人来担任,只有这样才能保证举办活动的专业性、有效性。

二、应用职业规划教育的专业化服务技术

职业规划包含非常多的步骤,学生先应该对自我有充分了解,然后分析当前的就业市场,选择适合自己的职业,随后通过自己的努力不断地向着职业规划的目标前进。学生在自我了解、自我认知时,应该了解自己的兴趣爱好、自己的性格特点及自己具有的工作能力。当前的大学生虽然对自己有一些了解,也知晓一些社会工作的流程,但是对自我心理上的认知比较欠缺。但是,职业工作对心理方面的要求很高,而且不同的职业要求的心理态度也有所不同。

为提高学生自我心理认知能力，学校可以后天训练和培训学生，如学生的兴趣爱好一直在变化，随着学生年龄的增加及学习环境的改变，很多学生年少时的梦想已经与现在的梦想相互背离，学校可以有意识地对学生的兴趣爱好进行针对性的培养，让学生的爱好更符合时代发展的需要以及社会工作的需要。学生对个人能力的认知也会有一定差异，有些学生对自己的能力非常自信，有一些学生认为自己的能力极差，这些错误的认知都会使得学生对自己的能力作出错误判断。要想让学生正确地认知自己，需要学生参加社会实践，通过实际的经历可以让学生改变对自己的认知，从而形成清晰、正确、准确的自我认知。学生在评估自己的过程中可以使用专业的测评工具，常用的测评工具包括以下方面：

第一，MBTI（16 型人格测试）。MBTI 这种测量工具会从四个维度为学生提供探索，并会给出学生更加适合某个职业的理由。这四个维度（外倾与内倾、实感与直觉、思维与情感、判断与知觉）如同四把标尺，每个人的性格都会体现在标尺的某个点上，这个点越靠近哪一端，就意味着个体具有这一端的偏好，越靠近断点，偏好越强。

第二，霍兰德兴趣量表。霍兰德的生涯理论把人从性格特点的角度分为六种类型，并对每种不同类型的人都给出了针对性的职业环境模型。他将六种人分别命名为现实型人格类型、研究型人格类型、社会型人格类型、艺术型人格类型、传统型人格类型以及企业型人格类型。不同的特征类型和职业之间有不同的匹配度，相互匹配的人格类型和职业能够让工作者对职业更满意，更容易获得工作的成就感，也能够让职业工作更加稳定。

第三，施恩的职业锚①。首先，让学生有正确的职业理想和职业理念，然后帮助学生寻找到适合的职业方向；其次，让学生了解自己，对自己有全面的认知，尤其是认识到自己的潜在特点，如技能、兴趣、性格特征等，学会自我分析，主要分析自己的身心特点、自身优势以及自我发展的局限性，通过这些分析来选择匹配的职业；最后，让学生了解职业的所属类型，特别

---

① 施恩职业锚测量表是美国著名的职业指导专家施恩教授编制的专业测评量表。根据对斯隆商学院 44 名 MBA 毕业生进行长达 12 年的职业跟踪研究，包括面谈、跟踪调查、公司调查、人才测评、问卷等多种方式，最终分析总结出了职业锚（职业定位）理论。

是与自己所学专业相关的职业类型，然后对学生进行职业能力测试，帮助学生锁定未来的职业发展目标。这些都需要使用自我评价的相关软件或系统，通过系统或软件分析数据能够判断出个人的能力水平、个人的素质水平，通过能力和素质水平的分析和匹配，学生可以找到适合自己的职业目标。

第四，学生在了解自己未来的职业发展类型后，可以根据发展类型来设置大学期间的学习目标，并付出努力不断地向目标靠近。学生在毕业之前确定自己的职业规划时可以使用以上方式确定自己未来的职业发展方向，并根据测试给出的数据进行精准设计。例如，如果自己的实践动手能力不足，可以在大学期间加强实践方面的培养，积极参加实践活动，以此保证自己能够更加适应未来的职业发展。

如果学生具备较高的胜任力素质，那么学生更可能成功地就业，尤其是当学生正好具备企业所需的胜任力素质时，则非常容易成功入职。因此，从学校的角度来讲，如果学校可以使用与胜任力素质相关的软件或工具对学生进行针对性的指导，提高学生的胜任力素质水平，那么学生将有可能更顺利地就业。以往学校在就业方面的指导过于注重理论知识的学习，这种模式显然不够适合当今的学生就业发展，培养学生的胜任素质能够将学生的潜在潜能转化成学生实实在在的能力和素质，对学生未来的工作至关重要。

此外，如果学生的潜能能够被充分挖掘，学生的技能能够得到针对性、计划性的培养，那么学生将会在就业当中更具竞争力，学校也可以根据学生胜任力素质的评价结果有针对性地为学生制订能力培养计划，完善学生的能力素质结构。不仅能够让学生更好地就业，让学生具有更强的职业能力，还能够为学生日后的职业发展提供技能方面的支持，有助于学生更好地工作。

第三节 学生就业心理与价值取向分析

一、学生的就业心理分析

随着国家经济社会的快速发展，特别是第三产业的快速增长，作为当代毕业生，在日趋严峻的就业形势和激烈的竞争下有了更多的选择机会，但也承受着更大的心理压力。正确认识和分析高校学生的就业心理问题，给予其积极的心理指导，对于培养健康的就业心理、促进高校学生顺利就业、推进高校就业指导工作和毕业生心理健康教育工作的深入开展具有重要的现实意义。

（一）就业心理的影响因素

经济增速的放缓、产业结构的调整导致部分行业就业需求下降，高校人才培养与社会需求间的结构性矛盾问题长期存在，供求关系自然会显得紧张，"最难就业年"的提法可能会长期存在，就业难成为常态。破解高校学生就业难题是一项长期的、艰巨的民生工程。学生就业心理的影响因素如下。

第一，社会因素。处在社会转型阶段，人们的价值观念、行为准则和思维方式也都相应随之变化，这就彰显出毕业生选择就业岗位的多元性。但是受功利主义、实用主义或利益驱使等不良社会现象的影响，很多毕业生在选择职业时会放弃自己的理想或职业目标，舍弃长远职业规划而优先考虑眼前利益，选择当下收入待遇最优的岗位。

第二，学校因素。当今很多高校对毕业生的就业指导多体现在思想、政策教育和就业形势等方面，而对他们真正需要的求职能力、心理健康等方面的教育则有所欠缺，无法满足他们的实际需求。

第三，自身因素。首先，当前经济社会发展迅速，社会对人才的要求更高，而由于多方面原因，很多毕业生的能力和综合素质无法满足社会需要；其次，由于毕业生尚未走向社会，心理机制尚且不成熟，无法正确认识自我，就业时往往盲从随大流；最后，高校毕业生社会经验不足，对自我认知偏高或偏低，对第一次职业选择思想准备不足，现实工作和理想中的工作落差较大，难免造成心理失衡，可能引发心理问题。

每年都有新的就业群体，就业形势和就业环境也是处于不断变化之中，而建立符合现实需要的就业举措、形成长效机制迫在眉睫。

（二）就业心理的应对策略

当前毕业生的就业心态存在很多问题，如何有效开展毕业生就业心理指导、改善缓解毕业生的就业心理，是各个高校应重视并解决的问题，需要做好以下工作。

1. 引导学生树立正确择业观。很多高校毕业生的就业期望普遍较高，应该帮助他们树立正确的择业观，按照每个人的实际能力和兴趣特长以及现实工作需要设立可行性的择业目标。引导毕业生树立正确择业观，应遵循以下两个原则。

（1）立足社会现实。高校毕业生择业时应该符合社会大环境要求，不能一味追求"自我"，应将个人理想与社会需求相联系。

（2）面对社会现实。毕业生应对自我有清晰而准确的认知，在性格、能力和理想目标等方面作出客观分析。此外，还要了解清楚当前的就业形势，洞察社会对人才的需求变化，避免求职时随波逐流。另外，毕业生在择业时应调低对工作的期望值，甘于从基层做起，放低姿态，勤勤恳恳，努力适应社会环境和现实工作的需求。

2. 增强就业中心理咨询工作。高校毕业生的就业压力从未减轻，由此导致的心理问题亟待解决，应尽快从以下两个方面着手改善。

（1）帮助毕业生建立良好的择业心理机制。首先，引导学生树立长远的职业意识。职业意识指的是人们对即将选择的职业的性质、特点及社会价值的全面认识。毕业生择业时容易受眼前利益驱使，应该帮助他们树立长远眼光，建立长远的职业规划、选择适合自己的工作最重要。其次，培养毕业生良好的职业性格。很多用人单位在招聘时都十分看重求职者的性格，正向乐观的性格很受青睐，这会帮助大学生建立良好的人际关系，创造有利的工作环境。最后，训练学生求职技巧。求职就是推销自己，要讲究技巧，可以通过讲座的形式向毕业生讲授写简历和求职面试的技巧。

（2）引导毕业生提高心理调适和心理承受能力。毕业生求职难免遭遇挫败，也难免会有失意情绪，因此，要引导他们正确对待挫折，拥有乐观心态，提高抗压和抗挫能力。心理辅导要注重培养他们的意志力、忍耐力和创造力，以及如何控制情绪、参与竞争等积极向上的心理态度，克服消极悲观、自卑焦虑等消极心理的干扰。当受到挫折后感到失意痛苦时，应采取合理的方式发泄，要鼓励他们拥有乐观积极的心态，要及时分析产生悲观情绪的原因，努力调整心态，增强择业时的自信心。

二、学生的就业价值取向

（一）就业价值取向变化与特点

第一，看重职业的稳定性。目前，高校毕业生更注重工作的稳定性，很多毕业生宁愿选择暂时不就业，也要等待专业类招聘考试，如教师招考、公务员考试、护理专业医院招考等。

第二，选择回生源地就业。大部分毕业生更愿意选择返回生源地就业，选择去一线城市的毕业生比例相对很小，一方面由于一线城市工作岗位资源有限，且大城市的房价过高，工作生活压力都很大，没有归属感，最终还是无法留下；另一方面由于生源地的地级市发展前景十分广阔，各类基础设施逐步完善，发展潜力巨大，回到家乡，生活习惯一致，家人都在身边，城市接受感、归属感较强，幸福感较强。

第三，热衷于继续升学深造。当前越来越多的学生倾向于选择升学。一方面，由于部分学生自觉专业水平不足，离胜任自己喜欢的工作岗位还有一定差距；另一方面，有些合适的工作岗位与学历要求通常挂钩，需要展现学历优势，因此，更多人选择升学，在提升学历的同时也相应增加了就业机会。

（二）就业价值取向标准与意识

1. 就业价值取向的标准分析。价值取向标准更加务实与理性。作为对高校学生职业选择方向影响深远的要素，高校学生的职业价值评价指标具有明显的多样化特征，涉及经济收入、职业前景、专业技能、社会地位、职业兴趣以及劳动强度等多方面内容。传统计划经济时代的社会担当是社会职业价值观倡导的主要内容。从价值判断衡量标准来看，高校学生作为独立个体贡献社会发展的程度成为主要的标准之一。因此，出于提升社会地位、实现个人理想和规划目标的考虑，多数高校学生都尽可能地想尽一切办法供职于国家机关或企事业单位。在社会主义市场经济体制建立和不断健全的过程中，高校毕业生数量逐年攀升，用人标准也逐渐提高，高校学生职业价值取向也随之更加理性化且贴近现实。具体来讲，理解这种更加趋向于理性化和现实性的就业价值取向应从以下两个方面入手。

（1）具体化的高校学生职业价值评价标准，如首要考虑薪酬和个人职业发展规划。高校毕业生在择业时往往会将职业环境、职业兴趣、职业发展趋势等作为重要依据，与之相对应的，在评价高校学生就业取向时，也会重点考虑工作回报、发展规划等，通过对比这些元素不难发现，计算机行业、金融产业、外资企业等成为高校学生的首选就职行业，其中，尤以沿海地区和大城市的这些行业更加受到青睐。

（2）国家扶植政策逐渐向中小企业和中西部地区偏移，如"高校学生自愿服务西部计划""三支一扶"等有利政策。与此同时，社会舆论也在对这类政策的推广进行正面倡导。在这种就业创业大环境下，很多高校学生在走出校门后都会将目光投向中小企业，甚至是自主创业，因为他们择业的自主性更强、方向性更明确。高校普及的就业到西部地区、就业到基层单位、先就业再择业等理念越来越为更多高校学生认可，其在推动高校学生健康就业、自主择业和实现个人成长与进步方面意义深远。

2. 就业主体意识和竞争意识。在市场经济发展日新月异的时代背景带动下，就业环境也发生了翻天覆地的变化，并因此带来了就业竞争日益白热化的压力，越来越多的高校学生正在面临着就业难的困境，这也使其开始思考，从而在应对残酷的就业市场时拥有更加积极乐观的心态，甚至可以调整自我就业价值取向和职业选择，以适应就业市场的现实需求。此外，很多高校学生也逐渐开始直面社会和就业市场，以健康向上的心态拥有主动权，这也从侧面证实了高校学生日益强化的就业主体意识和竞争意识。

此外，越来越多的高校学生对就业问题的关注度越来越高，积极性也得到了提升。例如，很多学生开始关注国家相关部门的就业政策和就业数据，从中获得自身在就业市场中的优势和劣势以及就业成功的概率等，然后根据这些现实数据提升自我素质和综合能力。同时，这种现象也集中体现了高校学生在就业过程中实现自我消极心态的调整、自我竞争意识的加强以及就业心理机制的成熟化。

（三）就业价值取向的作用发挥

高校在提升学生自我意识和专业能力、引导学生找准职业定位等方面发挥着无可取代的重要作用。引导学生养成正确就业价值观、让学生掌握基础的理论知识只是其中一方面，更为重要的一点是让学生拥有明确的就业定位以及形成客观的自我认识，这就需要正确的就业价值取向发挥作用。

1. 引导学生树立正确的就业价值观。就现阶段而言，造成学生就业价值观扭曲的主要原因在于部分学生自视过高，从而使得自我认识偏离客观实际。针对这种现象，学校要加强对学生就业价值观的引导，如积极开展各种讲座以及多种兼具系统性和实践性的课程等，通过这些正面的积极引导，让学生对当前环境下的就业趋势、个人在就业环境中的竞争力情况等有明确、客观的认识。此外，就业指导部门等社会力量在指导学生就业方面同样发挥着重要作用，要积极发布实时的就业信息，为学生提供更多就业机会，引导学生作出正确的就业选择。

2. 就业价值取向教育纳入指导课程。鉴于高校学生就业价值观养成过程中的诸多问题，高校要积极承担教育责任，既要教书，即为学生传业、授道、解惑，又要育人，即要完善就业指导课程设计，加强对学生开展道德教育、创业意识教育以及集体主义、奉献精神教育等，从而提升高校学生的就业平等观和就业竞争观，推动学生形成正确的就业价值取向。

之所以要将就业价值取向教育纳入就业指导课程体系，主要原因在于当前的教育课程体系所暴露出来的观念陈旧、内容与现实脱轨等问题较为严峻，学生的理论知识尚可、实践能力不足、就业情况堪忧。因此，优化课程设置、更新教学内容十分必要。具体而言，要提高课程的针对性，充分考虑学生在培养规格、培养方向等方面的差异化，要规避为了设置"高、大、全"的课程而刻意设计的现象，以强化各相关课程之间的内在联系、实现教学资源作用最大化发挥为出发点来优化课程设置。同时，在设计课程时要提升相关课程之间的交叉互动性，双重拓展学生的思维宽度和思维广度，使学科视野不断延展以及跨学科交叉与现实需求相联系，推动学生专业能力和专业水平显著提升。

此外，还要重视对学生结构的优化和调整，要注重对学生职业技能适应经济社会快速发展的教育力度，要确保学校教育与全球化进程的同步性。人才市场作为学生就业信息和就业情况的窗口，要对学生培养向着应用与开发领域拓展提出更高要求。正是出于以上要素的考虑，才不得不调整高校学生教育结构，以不断满足社会发展和时代进步衍生出的现实需求。

第四节　学生就业能力的创新提升策略

做好高校学生就业工作是一个系统工程，在全面深化改革的形势下，就业竞争力是高校学生的核心竞争力，也是学校的核心竞争力，提升高校学生就业能力应当成为高校人才培养的重要任务。

一、深化学生教育改革与人才培养实践

提高质量是高等教育的关键，衡量高等教育质量的第一标准就是看人才培养的质量，检验一所大学人才培养质量的最主要标准是看其培养的学生是否可以顺利就业以及就业质量的高低。

（一）深化学生教育体系改革

1. 提升高等教育质量与服务。人才资源是第一资源，国际竞争的核心是人才的竞争。信息网络技术广泛应用，资金、技术、人才流动频繁，新的科技革命拓展了科学研究的领域，不同学科交叉融合加速，区域化、集群化、网络化创新模式不断涌现，人类社会发展呈现新特征，高等教育理念与模式也随之发生了革命性变化。慕课、微课对传统大学课堂教育进行着挑战，人们的学习方式发生着深刻变化，教育正在从学校教育向终身教育延伸，要求高等教育提供灵活便捷和个性化的教育服务。用人单位和毕业生自身要求高等学校培养的人才不仅能在初出校门的时候就能够迅速适应社会的需要，而且具有后发优势，能够做到可持续发展。

2. 优化高等教育结构与招生制度。要解决社会对人才的急需和高校学生就业难的矛盾、提高高校学生就业能力、提升教育服务经济社会发展的作用，关键要在高等教育的结构和考试招生制度上有所突破。

（1）优化高等教育的结构。学生所报的大学和专业是考生及其家长非常关心的话题。虽然国家教育主管部门不断扩大办学自主权，然而，一些学校盲目开设新专业等现象造成了办学特色不明显、毕业生就业难、教育资源浪费等问题却是不争的事实。深化教育改革，首先，应该在国家和地区层面优

化高等教育结构，完善高校战略布局，调整学科专业、类型、层次和区域布局，促进高校合理定位、各展所长，在不同层次、不同领域办出特色、争创一流。其次，要鼓励高校办出特色，探索建立高校分类体系，制定分类管理办法。教育主管部门要通过评估对于某些学校中师资力量不足的专业、无人问津的专业坚决予以撤销。质量是高等教育工作的生命线，特色是高等学校发展的竞争力。只有专注，才能办出质量、办出水平；只有发挥特色优势，才能办出一流、办出生命力。

（2）优化考试招生的制度。深化考试招生制度改革就要发挥好高考指挥棒的导向作用，整体设计要从基础教育到高等教育考试招生制度改革，扭转片面应试教育倾向，促进普通教育、职业教育、继续教育之间的衔接与沟通，适应经济社会发展对多样化高素质人才的需要，增加学生选择权，促进科学选才。在考试内容上，要依据高校人才选拔要求和国家课程标准，科学设计命题内容，增强基础性、综合性，着重考查学生独立思考和运用所学知识分析问题、解决问题的能力。同时，积极探索建立多种形式学习成果的认定转换制度，试行普通高校、高职院校、成人高校之间学分转换，实现多种学习渠道、学习方式、学习过程的相互衔接，给学有专长的学生转学、转校提供切实可行的政策支持，为人才成长提供更广阔的空间。

（二）深化学生人才培养实践

深化高校内部改革，目标就是要提高高校服务社会经济发展的水平，其显著体现就是毕业生都能够顺利就业、高质量就业。

1. 提升人才培养的质量。我国是世界高等教育大国，但跻身世界一流行列的高校并不多。部分高校缺乏危机感、紧迫感，改革动力不足，还没有真正把人才培养质量摆在生命线的高度，对提高人才培养质量缺乏战略谋划，投入的资源和精力不足。

（1）深化改革要进一步转变办学理念。高校扩招以后，不少学校基建投入很大，但是新校区、新大楼、新设备并不等于人才培养质量，扩大规模、争取项目也不能体现教育教学质量的高低。另外，高校需要坚定不移地走内涵式发展道路，加快提高教育质量，着力提高人才培养水平，转变观念要求，必须狠抓落实，积极稳妥，务求实效，促进改革，针对制约教育科学发展的重点问题和人民群众关心的热点问题，切实增强服务经济社会发展、服务学生全面发展的能力，加快向高等教育强国的赶超步伐，为全面建成小康社会提供坚强有力的人才支撑和智力支持。

（2）深化改革要牢固树立以学生为本的理念。学校之所以存在是因为有学生，没有学生就无所谓学校。学生的学费和国家按照学生人数划拨的事业费是学校的主要收入来源，对于独立院校和民办院校而言更是如此，仅从学校的办学经费来源就足以说明是学生在支撑着学校的运转，学生不仅是受教育者，也是教育的投资者和消费者。以学生为本是现代大学制度的要求，也是办好让人民满意的大学的要求。

（3）深化改革要全面服务学生的成长成才理念。人才培养是提高质量的重中之重，既要从长远考虑，又要从基础着手，特别要从当前的突出问题抓起。以学生为本，以教学为中心，以人才培养为重点，创新人才培养模式，引导学生转变学习方式，调动学生学习的积极性，全面提高学生素质。

要提高人才培养质量、促进学生全面成才，单靠某一方面的改革难以奏效，需要全面深化综合改革，突出改革的系统性、前瞻性、协同性，整体推进体制机制改革和制度创新。推进学校治理结构和治理能力现代化，推进法人治理结构改革，主要包括建立和完善现代大学制度、深化人事制度改革、加快高水平教师队伍建设、改革学科和科研体制机制、提高学科水平和科技创新能力、深化资源配置模式改革、提高资源配置效益、深化行政管理改革、实现管理与决策执行的规范廉洁高效等，推进人才培养模式创新，提高人才培养质量，探索建设特色鲜明大学的发展模式。

2. 推动人才培养一体化。深化教育综合改革是一个涉及政、产、学、研、用的系统性问题，深化高校内部改革的首要任务是解决人才培养的一体化问题。高校要根据人才成长规律，进一步细化系统思维和顶层设计，着力增强各项改革发展举措的系统性、整体性、协同性，不断完善协同育人机制，构建人才培养的一体化格局。

（1）招生、培养、就业的一体化。招生、培养和就业是高校人才培养的三部曲，三者相互联系、相互影响、密不可分。招生生源的优劣直接影响人才培养质量的高低，人才培养质量又直接影响学生的就业质量，就业质量反过来又直接影响生源质量，建立招生、培养、就业一体化的联动机制，有助于人才培养质量的不断提高。目前，教育主管部门对高等学校明确提出了向全社会公布就业质量报告的要求。毕业生就业的基本数据、就业状况、社会评价、用人单位的信息反馈等方面的数据积累与调查分析已经基本形成，但是对人才培养部门的反馈力度还有待进一步加强；根据反馈进行专业调整、培养方案完善等工作需要进一步加强；就业状况与招生规模、专业结构、培养模式、教学评估、学科建设等相挂钩的联动机制尚未建立；同时，对毕业生的职业发展状况需要连续进行追踪。

深化改革，一是要以社会需求为导向，根据社会的需求变化，设置和调整专业、制订招生计划和人才培养方案；二是要以考试招生制度改革为契机深化学校的招生录取改革，加大宣传，吸引优质生源；三是要以扎实的专业能力和较高的综合素质为目标，主动适应经济社会发展的需要，紧密结合重大产业工程、科技创新工程的需求，加强学生社会责任感、创新精神和实践能力的培养，使毕业生真正能学有所得、学以致用、创有所成，不断提高培养质量；四是要加强就业市场维护与开拓，完善职业生涯与就业指导课程体系建设，丰富就业指导的内容和形式，加大探索创业指导和实践，不断提高就业质量。

（2）教学与科研的一体化。科教融合是一流大学发展的内在优势和必然要求，全面提高高等教育质量，必须将多方面的办学优势转化为人才培养的新优势。无论是高考，还是报考研究生，学生选择大学时的一个重要标准是看这个学校的学科专业优势及其排名、为国家社会贡献的科研成果数量与质量以及该校教师在社会上的知名度与学术声誉。但无论是学校层面还是教师个人，重科研、轻教学的现象普遍存在。

深化改革，一是要更新思想观念，借鉴国际著名高校经验，巩固本科教学基础地位，把教授为本科生上课作为基本制度，将承担本科教学任务作为教授聘用的基本条件，只有科研成果有效转化为人才培养的资源，高等教育质量才能全面提高，高等教育才能真正做强；二是要制定政策，借助激励与考评，推动实验室全天候开放，推动高水平的实验室和科研平台向本科生开放，鼓励教师通过课堂、实验等将科研成果固化成教学资源；三是实行本科生科研导师计划，让学生近距离地感受到高水平教授的治学风范，了解相关学科的最新前沿，鼓励开展专业核心课程教授负责制试点，倡导知名教授开设新生研讨课，激发学生专业兴趣和学习动力，定期开展教授为本科生授课情况的专项检查，着力解决人才培养和教育教学中的重点、难点问题。

（3）德育教育与专业教育的一体化。德育教育和专业教育是人才培养工作发生在同一对象身上的两个重要方面，从学生的全面成长出发，必须把学生德育教育与专业教育、学生工作与学术事务作为统一的有机整体，进行全局性统筹规划，形成一个自上而下、完整而又严密的工作机制，实现人才培养的目标。要解决德育教育与专业教育脱节的现象，必须深化改革。

第一，解决好以学习为中心和全面发展之间的关系。学习是学生的主业，学生在高等教育阶段的根本任务仍然是学习科学文化知识，与此同时，学生的全面发展是教育所追求的终极目标。从根本上而言，以学习为中心和全面发展之间不存在矛盾与冲突。在这个过程中，应围绕人才培养这个中心任务，将第一课堂与第二课堂紧密结合，将知识传授与社会实践紧密结合，将教学工作与学生工作紧密结合。德育工作和学业工作相关的各部门要形成联动，从体制上进一步融合，为德育工作与学业工作的结合形成更有效的机制。

第二，加强学术诚信教育。诚信是为人之道、学术之本，学术诚信是大学精神的重要内容。要不断加强学生的学术诚信教育：一方面，通过学术规范教育，使学生掌握学术规范知识、树立学术诚信意识；另一方面，要构建良好的学术文化，教育引导学生克服投机取巧、急功近利等不良倾向，树立崇高的学术理想和社会责任意识。

第三，完善学生学业辅导体系。学业辅导是帮助学生学会学习、促进学生学业发展的科学方法，也是推动思想政治教育工作与学业教育工作一体化的有效组织渠道。通过学业辅导平台建设，组建由专家学者、任课教师、学生先进典型、班主任、学业辅导员组成的学业辅导队伍，多方合力发挥对人才培养的促进作用。广大任课教师在传授知识的同时，应对学生的学习方法、学习能力给予悉心的培养指导。教学管理工作人员在完成教学保障工作的同时，应为学生制订合理的学业规划并提供指导和建议。辅导员、班主任以深度辅导和学业辅导为载体，解决好学生发展过程中的个性化问题，特别是在如何培养学生的学习兴趣、如何激发学习动力方面加大教育引导力度。研究生导师要在研究生的学业、德育、全面成长方面负起主要责任。

（4）管理、服务、育人的一体化。教学科研人员、机关管理人员和后勤服务人员是学校的三支重要队伍，缺一不可，都承担着育人的职责。一流的大学不仅有着一流的教学科研水平，也需要有一流的管理和一流的服务。目前，高校教职工中把人才培养作为第一要务的认识还有待提升，教书育人、管理育人、服务育人的作用发挥得还不够充分。一方面，受社会不良风气的影响，缺乏育人的意识，缺乏对学生成长成才的培养；另一方面，在评价体系中，对教职工的教学效果、教学革新、学科建设等方面的评价还不够健全，特别在管理和服务工作中，由于学校用人机制等原因，很多学校采取了外聘制，不少学校后勤服务采取承包制、外包制，这些人员缺乏职业认同感，缺乏对学生的爱心。从学生角度而言，教学科研人员、机关管理人员和后勤服务人员都是学校的教师，实现人才培养一体化还需要继续深化改革、全员参与，重点要做好以下方面的工作。

第一，加强师德建设。高校要充分尊重教职工的主体地位，注重宣传教育、示范引领、实践养成相统一，政策保障、制度规范、法律约束相衔接，建立教育、宣传、考核、监督与奖惩相结合的高校师德建设工作机制，引导广大教职工做学生敬仰爱戴的品行之师、学问之师，做道德的示范者、诚信风尚的引领者、公平正义的维护者。

第二，形成育人的合力。促进学生全面发展，要求学校的教学工作、科研工作、思想政治教育工作及后勤保障工作等各项工作都要围绕着人才培养来进行，也就是人才培养的一体化。通过入职培训、岗位培训提升广大教职工的育人意识，通过制定岗位职责、工作规范明确育人的具体内容和标准，通过座谈沟通、相互体验加强师生之间的理解，通过宣传教育、正面引导形成全员育人的氛围和校园文化，通过监督机制、奖惩机制对育人效果进行检验。

第三，深化人事制度改革，发挥教职工的育人积极性。在当前高校用人机制日趋复杂的形势下，不仅要建立和完善党委统一领导、党政齐抓共管、院系具体落实、教师自我约束的领导体制和工作机制，还要建立一岗双责的责任追究机制。特别要加强对外聘人员、外来务工人员的岗前培训、岗位要求；按照不同层次目标，选拔优秀管理骨干进行培养，促进其全面掌握国内外现代化管理理念、技术和方法，不断提高基础岗位管理人员的能力素质，适应现代教育教学管理工作需要，形成一支素质优良、结构合理、专业化、职业化的管理服务队伍。同时，要健全教职工主体权益保障机制，充分发挥教代会、职代会的作用，明确并落实教师在高校办学中的主体地位。

二、构建学生的职业价值观与能力培养

（一）学生的职业价值观教育

目前面对新的就业形势，当代高校学生的职业价值观发生了较大变化，对高校学生价值观教育带来了挑战并提出了新的要求。

1. 职业价值观教育的作用。职业价值观直接影响高校学生的就业观，对其就业观念、职业理想、职业目标、择业行为、择业手段及将来的职业发展都具有重要影响。高校承接着一个人从学生到社会职业人身份转变的重要过程，加强高校学生的职业价值观教育，能够引导高校学生不断完善自己的知识结构、培养良好的职业素质，以适应时代的发展和社会的需要。职业价值观培养是人才培养过程中不可或缺的内容。

（1）加强职业价值观教育能够提升职业素质。教育的四大支柱是学会求知、学会做事、学会共处、学会做人。支持这四大支柱的是价值观，有怎样的价值观，就会有怎样做人、做事哲学。价值观代表人生的理想和目标，是一个人追求的动机和目的，它构成了个人和组织行为的内在驱动力。缺乏价值观，一个人的职业追求就会缺乏动力。

（2）以社会主义核心价值观为主导引领职业价值观教育。当前高校学生价值观教育中不可避免地存在多元化的社会现实，在职业价值观教育中，面对求职择业、职业道德、社会责任等问题，都脱离不了社会的大环境，思想文化的碰撞、政治背景的冲突等都会影响到个体的职业价值观的形成。无论是毕业生本人，还是学校教育，在市场经济和当前的严峻就业形势下，大家的职业价值观都发生了重大变化。面对改革开放的考验、市场经济的考验，在多重化的选择面前，如何教育引导高校学生树立正确的职业价值观是高校立德树人的重要任务。

在各种复杂的价值观念中，起引领作用的是一个社会的核心价值观。社会主义核心价值观其实就是一种德，既是个人的德，也是国家的德、社会的德。人类社会发展的历史表明，对一个民族、一个国家而言，最持久、最深层的力量是全社会共同认可的核心价值观。社会主义核心价值观承载着一个

民族、一个国家的精神追求，体现着一个社会评判是非曲直的价值标准。在复杂的形势下，需要坚持用社会主义核心价值观引领多样化的价值观念，使高校学生形成正确的、有利于社会发展的职业价值观。在职业价值观教育的过程中，教师应该充分地发挥学生自主选择的意识，鼓励他们努力探究自己的内心世界，遵从自己的良好愿望，使理想与现实生活尽量吻合，这样才能极大提高大学生的幸福指数。同时，要体现教师的引导作用，把握教育方向，使高校学生职业价值观既符合学校的教育目标，又符合社会的需要。

2. 职业价值观教育的路径。正确的职业价值观比工作还重要。高校学生的职业价值观深刻影响着其职业选择、生涯发展，因此对学校的就业教育、职业发展规划教育提出了更高的要求。教会学生选择是目前教育界的一个共识，会选择比选择的内容重要。我国目前的教育环境仍以知识灌输为主，在这样的教育背景下，学生普遍缺乏自我判断、自主选择的机会和能力，当他们面对需要独立分析的问题时，往往难以作出合理的判断。借鉴价值澄清理论及其方法，可以在高校学生职业价值观教育中达到一定的效果，这一理论强调引导学生自主选择、尊重学生主体地位、关注学生现实生活，使其在未来的职业生涯中不断评价并获得自己的职业价值观。

（1）引导学生进行自主选择。在职业价值观的形成过程中，学生受到来自社会、学校、家长、同学的多方影响，不利于形成统一的职业价值观念，而价值观混乱必然给学生的职业发展造成损害，也不利于社会的和谐稳定。在当今高速发展的经济社会中，价值观念已呈多元化发展，让学生遵从于某种单一的价值观念已不可取，更不可行。只有在良好价值观的引导下，教会学生自主选择，使学生获得相对稳定的适合自己发展的职业价值观，才是良策。

在实际的教育过程中，部分学生对于职业发展的困惑和迷茫，在专业选择、就业方向、事业前景等诸方面存在着现实困扰。如何获得观念比获得怎样的观念更重要，道德教育的目的在于帮助学生对自己的价值观进行评价和澄清，一贯而终地形成统一价值观体系，减少因价值观混乱带来的负面影响。对于这部分学生，教育者应重视教育方法，加强对学生职业价值观判断与选择能力的培养，教给学生一些价值澄清的技巧，培养他们自我评价、自我指导、自我发展的能力，并使这种能力转化为自觉行动，以使他们在纷繁复杂的社会中获得良好的职业发展。

（2）尊重学生的主体地位。大学阶段正是学生身心成熟、学会独立、走向社会的重要阶段，也是其达成自我愿望、强调自我实现的关键时期。高校学生具备了一定的自主思考、自主行动、自主探索的能力，对于外界既定的观念和意识抱有质疑的能力和挑战的勇气。对高校学生进行价值观教育不能仅靠传授或灌输，而要经过其个体自由选择、珍视和行动等环节得来，受教育者在其过程中处于主体地位，才能有效地激发受教育者主体性与积极性的发挥。在职业价值观教育中，学校应根据学生不同的性格特点、家境背景、专业需求等，从知、情、行三者的结合上探讨个人价值观形成的过程，遵从价值观形成的个体内部机制，教会学生对未来发展方向进行选择，将学生放到教育主体的重要地位，使他们能把握好自己的职业生涯发展。

（3）关心学生的现实生活。高校学生在职业价值观形成的过程中在很大程度上受个体生活的影响，反之，职业发展也会对生活产生重要影响。如何处理生活中常见的友善、合作、信用、金钱等问题，并不只是学生个人的问题，而是重要的社会问题。正是这些问题使得生活复杂化，难以形成合理的价值观念，从而影响到个体的行为动机。教育的出发点是使人生活得更美好，离开了生活，教育就失去了存在的意义。因此，在职业价值教育中应该着眼于现实生活，从学生个体的生活处境、生活状态、生活目标出发，贴近学生实际，有针对性地开展职业价值观教育，引导他们对自己的职业发展方向作出澄清和选择，使职业价值观教育生活化，通过评价、选择的实践过程获得适合自己长远发展的价值观。

（二）学生的职业化能力培养

职业能力是从事某种职业活动表现出来的各种能力的总和，职业化能力是劳动者知识、技能和态度等要素的综合，是人们成功地从事某一特定职业活动所必备的一系列稳定的、综合性的个性特征。一般而言，高校学生毕业离开学校首次进入社会就业便开始了其职业生涯，在已有的工作岗位上，需要的是胜任现有工作的职业化能力；在工作过程中具有提高工作水准的职业化能力；为适应主观愿望和客观变化要求而能够实现转换新工作的职业化能力。

职业化能力的形成是一个逐渐由量变到质变的过程，需要对其特征进行分析考察，找出它的规律。职业化能力具有以下特征：第一，职业化能力具有可变性特征。以金兹伯格和萨帕为代表的发展理论认为，职业选择有一个过程，这个过程的萌芽在童年期就已孕育了。职业化能力的发展如同人的身体和心理发展一样，可以分为多个连续的不同阶段，每个阶段都有一定的特征和发展任务。对不同时期的个体进行这方面的考察，可及早甄别个体的合理发展方向，为个体的不同发展时期进行有效的职业指导。第二，职业化能力具有可塑性特征。职业化能力的可变性特征使其相应地具备了可塑性特征。不管是职业兴趣还是职业性格等，都是在社会环境、职业环境及职业教育的影响下逐渐塑造而成的。即使是比较稳定的职业兴趣、职业性格，也是可变的，因为影响它们的个体生理因素本身就具有一定的可变性，这为职业适应性的扩展提供了最基本的依据。

职业化能力具有的这两个特征也为职业化能力的培养研究提供了依据以及为职业化能力培养指出了方向。由此，我们的培养目标可归结为：从职业化能力的内部结构来研究它的变化范围的最大可能性——最大限度地扩大高校学生的职业适应范围，增强学生职业适应性。这需要我们将职业化能力培养过程构建成为一种培养职业选择能力、发掘职业潜能、塑造职业能力的过程。这既是充分发展高校学生才能的需要，也是社会和市场对教育提出的培养要求。

职业化能力培养应以提升高校学生职业能力为直接指向。大学阶段是职业生涯的预备期，为使职业生涯坚实有力，需要塑造高校学生职业化能力。职业化能力包含多种层次，其中的职业化意识是其内在的精神动力，表现为对职业的价值观和态度。这种隐性能力远比专业技能和知识等显性能力的作用更为强大，所以在高校学生职业化能力培养中更应该着重培养高校学生的职业意识等内在修养。

第五节　学生就业管理工作体系的优化

一、学生就业管理工作的内容体系

（一）学生就业管理工作的意义

大学生就业管理是指高等学校运用就业规范体系为大学生进行服务、协调、组织、监控、激励的过程和活动（杨道和林怡冰，2022），就业管理工作主要有以下意义。

第一，有利于教育体制的改革。学生就业管理工作是学校与社会联系的纽带。大学培养的人才是否能够适应社会的发展与时代的变革，一方面要及时了解社会需求；另一方面要以此为依据加紧教育教学与管理工作的改革。完善的学生就业管理工作可以使学校及时掌握社会需求以及社会对于学生的要求，并根据社会需求有针对性地进行教育改革、提高办学效益。

第二，有利于学生的成才与发展。职业在实际生活中不仅是个人生存的依附条件，而且应该是个人发挥个体力量参与社会建设、为社会作贡献的载体。择业是人生的关键问题，面临择业，如何分析自身的优劣情势，怎样看待不同岗位的利弊得失，学生就业管理工作能够帮助大学生树立正确的人生观、价值观以及择业观，帮助大学生正确认识择业过程中出现的问题以及在面临抉择时作出正确的选择，从而为其成才与发展打下良好的基础。

第三，有利于人才资源的合理配置。在市场经济条件下如何合理地配置人才资源，使大学毕业生能够学有所长、学有所用，已成为大学生就业管理的突出问题。大学加强学生就业管理，一方面可以使用人单位了解各类专业情况和适用方向，了解大学毕业生自身的多种情况，以便合理安排、科学任用；另一方面，可以帮助毕业生树立正确的择业观，科学地分析自身的条件和现实的就业需求，充分了解社会发展对人的需要，最终使人才资源合理配置。

第四，有利于大学生顺利就业。在缺乏学生就业管理或学生就业管理极不完善的前提下，大多数学生只有在临近毕业的前提下，其求职意向才会逐步清晰和随着现实条件发生变化。在这样的前提下，毕业生往往不能客观评价且期望值过高。加强大学生就业管理可以帮助大学生用正确的价值观念、道德标准和行为规范参与求职择业活动，增强大学生适应新的就业形势的能力，为大学生提供准确的社会需求信息和择业技巧，从而为毕业生顺利就业搭好桥梁、铺平道路。

第五，有利于社会的稳定与发展。大学毕业生是社会就业群体中的特殊群体，他们知识层次高、活动能力强、影响力大，是关系社会稳定的重要因素。大学毕业生一旦获得了较满意或较适合的职业，又能在实践中发展自己、实现自我价值，他们的积极性和创造性的调动就有利于社会的发展。只有在上述的大前提下，正常的生产秩序、工作秩序、生活秩序和社会秩序才能得到维护，才有利于社会的稳定，有利于促进安定团结。

（二）学生就业管理工作的原则

学生就业管理工作的原则是在学生就业管理过程中必须遵循的基本准则。原则是高校学生就业管理得以顺利进行的保障，是大学生就业管理的出发点和落脚点，它直接影响到大学生就业管理工作的实际效果。新形势下，高校学生就业管理主要包括以学生为中心、以市场为导向、以服务为取向、以育人为目标等基本原则。

1. 以学生为中心的原则。就业管理以学生为中心，就是要把学生作为就业管理工作的主体，在就业管理工作中切实尊重学生的主体需求、把握学生的主体特点。尊重学生的主体需求主要包括尊重他们的人格、尊重他们学习的兴趣、尊重他们身心发展的规律、尊重他们成长成才的需要。在实际工作中，要坚持以学生为中心，把学生当成客户，提供一流的、高效的就业指导与服务。学生是学校一切工作的中心。以学生为中心既是学校管理工作的基本要求，也是学生培养工作的基本要求。既是教育规律的体现，也是就业工作服务之所在。

（1）坚持以学生为中心的原则，在学校就业工作体制、就业工作队伍建设、就业制度制定等方面充分考虑学生的需求与利益。从有利于促进学生就业的角度出发，推动多方联动，最大限度地促进学生有效就业。在实践中，积极探索导师负责制、院长负责制、院校双向互动、招生培养就业联动等多种模式，多角度，多维度，多管齐下，为学生就业创设更多的突破口和渠道，围绕学生顺利就业下足功夫。提升从事就业工作人员的服务精神和服务能力。为学生提供更好的就业服务，需要一支高素质的就业队伍，其不但要熟练掌握常规的就业工作规程，更要研究学生成长成才的规律，研究学生就业中出现的问题，研究市场变化规律，研究学生就业心理，成为就业领域内的专家，打造专家化、学者型的就业工作队伍，实现以学生为中心的就业管理。不断加强制度建设，使就业工作制度化、规范化。

（2）坚持以学生为中心的原则，从就业信息、就业指导、就业市场开发等环节为学生提供个性化、人本化的就业服务。在就业信息服务提供的过程中要紧密围绕学生需求，运用各种先进手段和现代化的技术，及时向学生提供有利于其顺利就业的各种信息，如开设学校就业网站、视频求职简历、手机短信就业信息平台等服务。努力探索针对不同学生类型的个性化信息服务，使学生能够在最短时间内最大限度地获取自己所需的就业服务信息，以促进学生有效就业。以学生为中心开展就业指导服务需要做到三点：第一，充分了解学生的情况，根据学生的个性特点，指导学生树立职业理想，制定适合自己的大学全程发展规划，为个人职业发展规划打下基础；第二，通过职业测评等辅助工具让学生更好地认识自己的性格类型和动力特点，了解自己的性格特质、适合的岗位特质；第三，针对就业弱势群体，进行"一对一"的个性化指导，以帮助其找到自身不足，提供解决方案，提升就业竞争力。

从学生的需要出发，把用人单位请到校园里来，组织校园招聘会，努力把学生的就业问题解决在校园里，这既节约了学生的求职成本，又在一定的程度上保证学生安全就业。校园招聘会是学生就业市场的主要组织形式，而就业市场的开发与组织是校园招聘会顺利举办的前提。学生作为就业市场的主体，有其自主意识，所以在制订市场组织方案时也应坚持以学生为中心，根据学生的就业意向，在就业市场的开发与组织前，对全国市场进行科学的分析和规划，着重开发学生重点关注的地区与单位，从而使市场组织更有效、供需双方对接更顺畅，做到有的放矢、提升绩效。

（3）坚持以学生为中心，把学生利益放在首位，把就业工作做成关爱工程。就业管理工作必须将学生既当作培养教育的对象，又看作是服务的对象，既要严格要求，又要关心帮助，想学生之所想，急学生之所急，从大处着眼，从小处着手，切实将以学生为中心的原则落到实处。在洽谈会组织、签约管理、就业咨询服务的过程中把学生当成客户，开展微笑服务。多以学生的角度进行换位思考——"如果我是学生，我需要怎样的服务；如果学生是我的朋友我会提供怎样的服务"。把"一切为了学生，为了一切学生"当作一种承诺，并渗透到就业管理工作的各个方面。

2. 以市场为导向的原则。市场导向是一种经营管理的策略，是一种组织文化，在这种文化氛围下，组织所有的雇员均承诺持续为顾客创造优异的价值，以此来保证经营活动的良好绩效。大学生就业管理坚持以市场为导向的原则，是指大学生就业管理工作遵循市场经济规律，加强就业市场建设，借鉴市场经济工作方式和理念，尊重学生与用人单位的主体要求，注重营销与服务，竞争与诚信，完善就业工作体制、机制和工作模式。

学生就业管理坚持以市场为导向的原则是由高等学校毕业生就业工作体制变化决定的。在高校就业体制改革前的计划体制时期，国家对毕业生包分配，所有合格毕业生都可以取得国家干部身份，与之相应的大学生就业管理工作基本内容就是审查毕业资格、制订就业计划、派遣、改派等管理性工作。但是随着就业工作体制的市场化改革，单纯管理型的就业工作模式已经过时，已满足不了市场对大学生就业管理的需求。换言之，大学生就业管理工作要从"小管理"走向"大管理"，来满足对两个主体，即以学生为主体和以用人单位为主体的需求。而对于满足两个主体结合点，市场是最好的平台，市场成为人力资源最佳配置的有效机制，它将学生与用人单位进行有效的对接。因此，大学生就业管理必然走向坚持以市场为导向、体现市场内在需求。学生就业管理工作以市场为导向集中体现在以下方面。

（1）以市场为导向要完善学生就业管理工作的体制和机制。计划经济体制时期，大学生就业管理工作是完成国家分配的计划任务。如今的市场经济体制时期，大学生就业管理工作要与市场紧密相连，要实时进行市场调研，切实摸清市场的需求，并将其充分反映到学校的教育教学过程中。因此，要坚持就业指导招生、出口引导入口，设立专门的市场建设、信息服务、就业指导、就业管理等满足学生和用人单位需要的服务机构，配备层次高、结构好的专业化大学生就业管理工作队伍。

（2）以市场为导向调整学生就业管理工作的职能和内容。计划经济时期，大学生就业管理工作内容较为单一，在工作职能上，体现更多的是管理。在当前的市场经济时期，大学生就业工作只进行简单的行政职能上的管理，满足不了两个主体的需要。因此，要以市场为导向调整工作职能和工作内容，由传统的、单纯的就业行政管理转向市场建设、信息服务、咨询指导、就业管理并重。

（3）以市场为导向要调整大学生就业管理工作理念和方式。市场条件下的大学生就业管理工作要顺应时代潮流、转变传统的就业工作理念、树立企业的营销理念，将学生、家长和用人单位视为顾客，最大限度地满足三类顾客的需求。在工作方式上，由过去单一的管理向教育、管理、服务并重转型。以双效为原则，改进就业工作服务，即一方面要重效率，也就是要在尽可能短的时间内让尽可能多的学生接受尽可能全面的指导服务；另一方面要重效益，也就是要让学生们得到的指导服务是正确的、必要的、管用的。

3. 以服务为取向的原则。以服务为取向的原则是指以就业服务为主要内容和价值取向开展学生就业管理工作，即在就业管理工作中，就业工作相关人员需要不断强化自身服务意识，丰富服务内涵，时刻把有利于提升学生就业能力、为学生就业提供帮助作为自身工作的出发点和归宿，充分发挥"尽我所能、想您所想"的工作理念，在服务方法上与时俱进，提升就业服务的专业化水平，最终提高大学生的就业质量。坚持以服务为取向的原则是就业体制改革后毕业生实现就业的迫切需求。坚持以服务为取向的原则是高校就业工作理念转变的必然要求。近年来，高校的就业工作由原来单纯的行政工作到现在的指导与服务于学生，工作理念发生了巨大的转变。高校要做好新时期的大学生就业管理工作，就必须不断强化自身以学生为本的服务意识。遵循以服务为取向的原则，应重点关注以下环节。

（1）帮助学生明确职业定位，提供就业导航服务。明确职业定位是成功就业的前提，也是就业服务首要解决的问题。就业导航服务是就业指导教师充分利用各种有效工具指导学生在兴趣、能力、价值观等方面进行科学的评估分析，帮助他们认真厘清和分析学业完成的情况，建立毕业生就业档案，为他们明确职业定位提供导向服务。另外，在就业导航服务中要充分遵循"以学生需求为第一"的原则，防止将自身的主观想法强加给学生。

（2）充分挖掘市场资源，开展就业信息服务。掌握有效、对称的就业信息资源是新时期毕业生实现成功就业的基础，开展就业信息服务也就成为就业服务中的重要环节。开展信息服务是指认真了解就业市场的供求状况，多渠道挖掘就业信息，努力拓展学生的就业空间，并将这些就业资源进行系统整合，有针对性地提供给需要的学生。一方面，建立就业服务互动机制，任命信息联络员，在学校就业指导服务中心与学生之间建立顺畅沟通的渠道，充分利用学校提供的就业资源，同时，动态掌握毕业生的就业服务需求；另一方面，努力调动毕业生自身的主观能动性，以毕业生暑期实践、外出寻找工作为依托，鼓励学生主动收集需求信息，实现资源共享，成立学生就业信息收集小组，发挥网络资源优势，建立就业信息资料库。

（3）努力提高学生就业能力，实施人才培养服务。提高毕业生的就业能力是使毕业生把握并获得就业机会、在职业中赢得竞争优势的核心，为毕业生提供提高就业能力的业务支持服务是从本质上解决"就业难"的重要途径。人才培养服务主要指在学生的整个大学生涯过程中创造各种环境，全面提高学生的就业能力。第一阶段，鼓励学生积极参与社团活动、勤工助学等实践活动，培养团体合作精神、提高人际交往水平、积累社会经验、提高自身的职业生涯适应能力。第二阶段，鼓励学生进一步思考就业的深层次问题，利用网络资源以及学校和其他渠道的"双选会"，关注最新就业信息，寻找多渠道进行实习、见习，明确用人单位需要什么样的人才、自己适合什么样的工作，增加就业竞争力。第三阶段，在学生求职择业的关键时期，鼓励学生把握各种就业机会，通过各种途径积极应聘，聘请专业领域内的就业形势专家开展模拟求职、指导撰写简历和求职信，帮助学生提高求职、面试技巧，调整好择业心境，确定恰当的择业岗位，合理地调整就业期望值，从而在将来所从事的岗位上实现自身的人生价值。

（4）规范就业过程管理，提供业务支持服务。规范化的就业过程管理对保障大学生的合法权益、简化就业过程的烦琐程序，保证毕业生实现顺利就业有着积极的作用。毕业生的业务支持服务主要包括指导毕业生了解国家就业政策、明确就业过程中的权利和义务、指导就业手续的办理流程、了解与职业生涯息息相关的就业协议和劳动合同等。在从事这些行政性的就业管理过程中，就业指导教师须时刻牢记"一切为了学生，为了一切学生"的工作原则，简化就业管理过程，指导学生平稳顺利地进入工作岗位。

（5）关注毕业生职后状况，完善就业管理工作的"售后服务"。毕业生的"售后服务"主要是指关注毕业生在走上工作岗位以后的职业发展情况，做好毕业生的职后教育工作，结合市场需求及时调整人才培养模式。高校需要与毕业生及用人单位保持长期的联系，开展毕业生质量及就业满意度等调查工作，掌握毕业生在离校后的职业发展状况，积极听取用人单位对毕业生培养的意见和建议，动态把握市场的需求变化，配合学校不断改进教育教学方法。

4. 以育人为目标的原则。坚持以育人为目标的原则，是指学生就业管理要坚持"育人为本",要将育人贯穿于大学生就业管理的每一环节,通过育人与管理相结合,促进大学生全面发展。坚持以育人为目标的原则是由大学生就业管理的本质属性所决定的,是由大学生就业管理所承载的职责所决定的,也是西方发达国家就业管理的成功经验和世界大学生就业管理的发展趋势。学生就业管理坚持以育人为目标,应力求做到以下方面。

(1)学生就业管理要立足和定位于大学生的生涯发展,体现帮助大学生实现职业理想的终极关怀。大学生的就业是与其学业、职业、事业和人生目标相关联的统一体。大学生就业管理既要促使大学生顺利就业,更要促进大学生学业进步、职业发展和事业成功,促进大学生学业、就业、职业、事业四者的协调统一,建立以学业为基础、以就业为导向、以职业为载体、以事业为目标的大学生就业管理模式。

(2)要把培养和育人贯穿在学生就业管理的各个环节。大学生就业管理是一个包括综合素质塑造、职业生涯规划、政策制度指导、职业心理辅导、求职技巧培训、择业决策咨询、需求信息提供、就业环节帮助八项主要功能的运行系统。以育人为目标就是要在对大学生的就业教育、管理、咨询、指导与服务中,始终考虑如何有利于学生的全面发展、如何有利于学生的成长成才、如何有利于实现学生的职业理想和人生目标。

(3)要强化学生就业管理的思想政治育人功能。随着大学生思想状况的变化和社会人才标准的转变,大学生就业指导的重点也应由传统的技能指导转向对大学生进行世界观、人生观、价值观和职业道德的教育,也就是要突出它的思想育人功能。一是要以理想信念教育为核心,对大学生深入进行树立正确的世界观、人生观、价值观的教育。针对少数学生在择业时过分强调自我,不顾国家需要和集体利益的情况,加以正确的引导,使大学生形成正确的择业观,自觉地把个人前途和祖国命运联系在一起,把实现个人价值同服务祖国统一起来,最终实现自己的人生理想。二是要通过创业教育培养学生的责任感、自主性,培养学生的创业意识和企业家精神。三是要加强大学生的诚信教育。诚信是社会对人才的基本要求,是市场经济条件下大学生必备的思想品质。加强诚信教育是大学生顺利就业、成长成才的保障,是高校义不容辞的责任。

（三）学生就业管理工作的特点

学生就业管理工作是学生管理工作的重要组成部分，但因其管理内容的不同，除了具备高校学生管理中突出的教育功能、鲜明的价值导向、复杂的系统工程和显著的专业特色等特点外，还有其自身显著的特点。

1. 政策性特点。大学生是建设国家的专业性高级人才，随着社会和经济发展的需要，高校毕业生就业制度也随之发生了相应变化，国家对大学生就业方针、原则以及方法都有明确要求，并通过各级党委和政府以及高校予以贯彻。一方面，在高校学生就业管理过程中涉及的签约、违约、资格审查、户口迁移、档案管理等需要严格遵循相关政策的规定，以保障大学生的合法权益；另一方面，随着形势的变化，国家往往会应时制定促进大学生顺利就业方面的相关政策，如"大学生村官""选调生""三支一扶"等，这些都是直接指导大学生就业管理的政策。国家政策为大学生就业管理指明了方向，提出了细致的要求。大学生就业管理就是要围绕国家在大学生就业方面的路线、方针、政策开展工作，实现我国人力资源的优化配置。

2. 市场性特点。大学生就业市场是指在社会主义市场经济体制下，高校毕业生与用人单位根据一定的原则进行劳动力交换的过程，是与毕业生人力资源配置相关的关系及各种具体的就业市场活动、行为的总和。大学生就业市场是实现大学生就业的主要场所。遵循市场经济规律、借鉴市场经济工作方式和理念、加强大学生就业市场建设是大学生就业管理的重要内容。一方面，通过对大学生就业市场人才需求的数量、层次、专业、区域分布等进行深入分析，确定目标市场、制订开发计划、拓展大学生就业市场资源；另一方面，通过规范市场秩序、细化服务流程，做好集中性大型招聘会和日常性小型招聘会的策划、筹备和组织工作，大学生就业管理的市场性特点较为明显。

3. 服务性特点。目前学生就业进入双向选择、自主选择阶段，大学生就业更具市场化特征，大学生就业管理工作更多地体现为大学生就业服务体系的构建。以服务管理为突破口，改变了过去重管理、轻服务的做法，将管理与服务有机地结合起来。在就业指导方面，构建以市场为导向，学业、就业、创业、职业全程关注，个性化、体验式的大学生就业、创业教育模式。在就业信息方面，开发融求职、招聘、就业指导、就业状况监测和自动化办公于一体的全方位大学生公共就业信息服务平台。在签约管理方面，制定毕业生就业工作细则，优化工作流程，实现大学生就业的"一站式"服务。大学生就业管理的服务性特征就是不断增强工作人员的服务意识，把学生和用人单位当作客户，全力以赴地为学生和用人单位提供全方位、全过程的优质就业服务。

二、学生就业管理水平的优化策略

（一）就业管理工作的内容创新

第一，增加女生创业指导。高校应该加大女生创业的相关指导，让女生充分了解创业的激励政策，引导女生通过相互合作进行创业，带领女生参观创业园，邀请创业成功校友来校分享创业经验。另外，高校还可以制定各自的创业激励制度，特别是要加大对女生创业的激励。这样，不仅能提高女生的创业激情，也可以提高女生对就业的信心。

第二，注重家庭教育对学生的积极作用。学生家长在平时应多关心学生的学习生活情况，时刻关注学生的发展动态，引导学生形成正确的就业择业观，鼓励学生自主就业、择业。全社会都对大学生寄予厚望，希望大学生走上工作岗位后能够成为社会的中流砥柱。这就要求大学生认识到就业、择业的重要性，在努力提高就业能力的同时建立较强的就业意识、树立正确的就业观和择业观。

第三，针对不同年级的学生开展不同内容的就业指导。针对大学一年级学生，学校应该根据专业特点进行职业生涯规划教育。通过职业生涯规划，开展"第二课堂"的相关活动，引发学生对自身职业规划的思考。针对大学二年级学生，学校应该鼓励学生进行职业测试，以充分了解自我，完善自我认知，充分了解自身的职业能力、职业倾向和职业价值观等。针对大学三年级学生，学校应该注重专业技能的提升，加强就业政策、就业流程等方面的教育。针对大学四年级学生，学校应该强化学生在面试技巧、信息收集、人际交往等方面的能力，加强学生的就业观念教育，确保学生充分就业。

（二）就业管理工作的队伍创新

1. 建立专业教师与学生交流新渠道。高校在开展学生就业管理工作时应该充分利用专业教师的资源，建立专业教师与学生之间交流沟通的新平台。各专业负责人可以通过开通专门的微博发布各自专业的专业前景、就业领域等，也可以建立微信群、腾讯 QQ 群，将专业教师和学生拉入同一个群内，学生可以随时在群内进行就业咨询，专业教师可以第一时间进行答疑。同时，专业教师也可以在授课时适当穿插就业行业的介绍，对学生进行个性化的管理与指导，给学生传授专业就业方面的知识。这样，学生不仅可以更好地了解自身的专业，也可以跟专业教师建立良好的沟通，更有利于今后的就业。

2. 搭建学生家长和学校之间的交流平台。成长环境影响着学生的性格，不同性格的学生对就业的需求也不尽相同。鉴于此，高校在开展就业管理工作的过程中应该充分考虑到家庭因素对学生的影响。在就业方面，对于毕业生而言，家人的意见起着相当重要的作用。高校有必要随时与学生家长保持联系、定期沟通。高校可以建立家校联络体系，针对每个班级建立各自的家长微信群或腾讯 QQ 群。在群里，家长可以随时了解学生各方面的表现，与学校教师进行互动，互相交流心得。家长可以根据学生的不同表现，引导学生正确选择适合自己的职业，树立正确的就业观，给予学生更多的帮助，提高学生就业与择业的能力。

3. 建立企业与学生之间的交流平台。学生就业管理工作除了离不开高校和家庭的教育和引导之外，也离不开社会和企业。学生在就业的过程中对将要从事的行业和职业了解不深，这就导致学生的择业成了难题。针对以上现象，高校应倡导建立企业管理人员与学生之间的联络机制。首先，可以根据学生的需要，定期邀请企业管理人员来校进行职业讲座，让企业管理人员和学生进行面对面的交流；其次，为方便学生与企业管理人员进行及时有效的沟通，相关管理人员要建立学生与企业管理人员交流的微信群、腾讯 QQ 群或者讨论组，利用新媒体技术，加强网上互动，这样，学生就可以随时获取相关的就业信息；最后，可以定期组织学生实地参观企业以及一线岗位的具体工作，深入了解不同企业的文化，这既加强了企业管理人员与学生之间的互动交流，也可以更好地开展校企合作，更有利于学生的就业。

（三）就业管理工作的路径创新

1. 建立完善的就业信息库。高校应积极开展网络就业管理与指导工程建设。一方面，高校需要建立并逐步完善各级就业信息库。通过系统性的建设，各高校可以获悉往届学生的就业去向、就业专业对口的占比等，对不同专业的学生提供就业、择业帮助。另一方面，学生们通过查询信息库，可以更深入地了解自身专业的就业前景，根据专业就业流向，切实清晰地把握本专业的就业目标，由此更好地规划今后的职业生涯。就业信息库的内容应包括当前最新的就业政策解读、招聘信息、就业形势分析、专业行业介绍、往届毕业生的就业去向、就业典型案例、优秀学生的职业生涯规划案例等。学生可以通过网络在就业信息库里随时查询就业方面的信息，充分了解本专业的主要就业去向和就业企业，增强就业观念。

2. 搭建官方就业微信平台。高校应积极搭建官方微信平台，针对不同年级、不同专业、不同地域的学生，实时发布高效、高质量的就业信息，从而紧贴市场变化。各高校应通过官方就业微信平台做好后台的宣传和服务工作，设立相应的微信公众号和订阅号，整合及优化社会资源，定期推送就业信息，满足大学生对就业信息的不同需求，让每位学生都能收到相关的就业信息。这样学生就能第一时间获取就业、招聘信息，既方便，又高效。利用好官方就业微信，一方面为各类用人单位和学生搭建沟通桥梁，通过线上线下的互动方式，优化资源配置，并且把招聘信息、招聘内容和招聘活动有机结合起来，环环相扣，形成一个良性的循环；另一方面，学校也能够更好地了解用人单位的需求和学生的就业需要，帮助学生答疑解惑，以便更好地开展就业指导。

3. 使用微博推动就业指导。在多媒体快速发展的今天，高校要结合时代发展的特点，善于针对学生使用微博获取资讯的习惯来推动就业指导工作。虽然以辅导员微信和腾讯 QQ 通知为主的传统途径在学生获取就业信息方面仍占主导地位，但大学生通过微博等途径获取就业信息的比例也有明显上升。这说明随着技术手段的不断提高，未来学生获取就业信息的途径会更多。不同的就业信息获取的渠道将会在今后的就业过程中发挥着不可忽视的重要作用。因而，高校在开展就业管理与指导工作的时候，要与时俱进，将传统途径和新兴途径结合起来，在开展传统的就业宣讲会的同时，要利用微博同步进行就业政策、就业形势等方面的宣传。这样，学生即使错过了就业宣讲会，也可以第一时间通过微博获取信息。高校通过微博平台将就业相关资讯以

"润物无声"的形式渗透到学生们的日常生活中，使就业信息的推送服务成为学生群体所关注的热门话题，从而推动大学生就业指导工作的开展。

4. 开发大学生就业手机软件。目前，手机已经成为大学生必不可少的日常用品，随着智能手机的普及，开发大学生就业手机软件迫在眉睫。高校可以根据实际情况开发官方就业手机软件，同时，做好宣传工作，让每位学生下载使用。学生可以用自己的学号登录就业手机软件，查询就业政策、招聘信息、就业手续、企业信息等方面的内容，这样方便其在外出时也能随时查看相关的就业信息。现如今，我国高校毕业生人数在逐年增长，面对越来越庞大的毕业生群体，如何全面落实和贯彻就业与创业工作，是各地高校面临的首要问题。高校应注重和逐步实现官方就业手机软件与学生的切实对接，参考社会常用的就业手机软件，如智联招聘、前程无忧、赶集网等，完善高校官方的就业手机软件。这样有利于为大学生们提供真实可靠的就业信息，形成高校为企业提供优质人才的同时又为学生们提供优质岗位的双向互动模式，不断推进人才、岗位等资源的优化配置，促进大学生就业与创业。

第六章
学生管理工作的创新视角研究

第一节 "互联网＋"时代下学生管理工作

"互联网＋"的本质是传统产业对互联网的深层次、全方位应用以及互联网对传统产业的改造和重塑，与传统意义的"信息化"有根本区别。互联网的应用可以解决现有市场机制下许多解决不了的问题，如缓解信息不对称、降低交易成本，通过改变生产流程促进竞争力的提高。我国互联网在商业领域的应用已经处于世界领先水平，而互联网在工业领域的应用存在滞后。从互联网商业到互联网工业是从互联网应用到"互联网＋"的最好诠释。互联网及信息化正带来新一轮的科技革命。中国当前正处在抓住和引领产业革命前沿的最佳机遇，抓住这次机遇，对于中国经济的长远发展和创新体制建设具有深远的意义。

随着互联网时代的不断深入，互联网实现了与传统行业的融合，形成了"互联网＋"新业态，对高校学生的学习生活与思想观念产生了巨大影响。从整体上看，对学生管理工作而言，"互联网＋"的发展与普及既是一种机遇，又是一种挑战，在对学生管理工作进行创新的同时，也存在着不容忽视的问题。对"互联网＋"带来的创新与问题进行研究，有助于学生管理工作获得更好的发展。

一、"互联网 +" 对学生管理工作的影响

（一）不断提高学生媒介素养

1. 学校层面分析。

（1）通过宣传媒介素养，对媒介教育氛围进行营造。媒介素养只有受到越来越多人的认可，才能更好地融入高校教育中，因此，高校应通过合理利用自身传播知识与文化的功能，提高宣传媒介素养的力度，将校园社团、广播、期刊、报纸、电视台等作为宣传媒介素养的舆论阵地，这些都是与高校学生的校园生活息息相关的，能够潜移默化地影响他们，使他们认清媒介素养的重要性（沈佳和许晓静，2021）。总体而言，大力宣传校园媒介素养，就要让校园充满关于媒介素养的舆论，通过对各种媒介手段与形式的合理利用，将媒介教育氛围营造起来。

（2）通过设立媒介素养教育课程，打造媒介素养教育团队。对高校学生而言，媒介素养既陌生，又熟悉，同时也缺乏对媒介素养教育的理性认知。高校通过充分利用自身优势，设立媒介素养教育课程，能够使高校学生媒介素养问题得到科学、有效解决。在课程设置上，高校可将理论与实践相结合，设立有助于高校学生提高媒介素养的课程。此外，高校可举办辩论会、讲座等相关活动，通过不同形式更好地让高校学生树立良好的新媒体观念。

2. 媒介层面分析。

（1）媒介将"把关人"作用充分发挥出来，从而使自身的公信力得以提高。在信息生产与传播上，媒介应定位于"把关人"这一角色，尽量使高校学生价值观与人生观不受传媒文化的消极影响。随着互联网时代的到来，媒介对信息的发布与传播具有掌控力，因而应慎重选择。社会的发展需要人才的支撑，媒介理应充分发挥自身作用，让高校学生更好地认识社会、树立正确的价值观念。因此，新闻工作者应通过不断学习来提高相关的理论水平，并提高采、编、写的基本素养，同时应确保舆论导向的正确性，从而更好地对高校学生进行引导，让他们清楚哪些是真实的信息。此外，媒介从业者应坚守职业道德，不可因一时的利好而忘记自己需要肩负的社会责任。

（2）媒体与高校开展合作，提供实践平台给高校学生。媒介实践与媒介素养教育进行互动后，才能让两者获得更好的发展，因此，大众媒介应融入

高校,使高校学生获得更多实践的机会,将理论印证于实践中。例如,传媒联合高校发起校园新闻设计大赛,专业的传媒从业者进入校园指导高校学生,这些学生亲自全程参与从拍摄到加工,再到设计,最后在媒体平台上播出最优秀的作品,这不仅能让高校学生获得成就感,还能使他们获得一定的媒介知识。媒介与高校的合作形式除了校园新闻设计大赛外,还可以是网页制作大赛。此外,高校可邀请记者、编辑、主持人等进入校园,通过与高校学生面对面的交流,提高他们对媒介的认知程度,使其对媒介的陌生感逐渐消除。如此,高校学生将成为媒介的理性消费者,而不会再被媒介的内容与形式所左右。

(二)加强网络平台系统建设

1. 在网络中构建学校特色。高校网络平台的关键性动态指标主要在于内容、更新速度、准确度等方面。目前,互联网在我国得到迅猛发展,网络是伴随现在的高校学生共同成长的,他们虽然有些会对网络有一定的沉迷,但大多数已经对网络产生一定的抗性,如果想通过网络吸引他们,就需要丰富的内容、快速的更新以及独特的形式。因此,在构建高校网络平台的过程中应对内容简单、功能单一、形式传统等问题进行改善,从而在吸引学生的同时,使利用率得以有效提高。此外,应通过不断完善高校网络平台功能,使用户参与度得到提高,更好地融合校园文化,为高校的发展提供新动力。综上可见,对高校而言,在构建网络平台系统的过程中,应充分利用具有较大影响力的媒介。

2. 在管理中完善学校制度。在网络中,学生是最主要的活跃群体,同时是主要的网络互动参与成员。因此,就怎样对网络评论进行引导、对网络舆情进行控制、对网络动态进行监管、对网络突发事件进行处理等问题,高校应建立相应的技术团队,从而对网络平台进行更好的维护、管理与利用;对于网络平台认识的重要性与必要性,高校的各院系与部门都应有所提高,通过加大投入,对校园网络平台进行更好的开发。

以校园管理制度为基础,高校应将校园网络平台管理机制规范化,并有所创新,通过管理规章制度的统一、合理,明确管理者与参与者的责任与义务,良性引导高校学生树立正确的网络道德观念,从而井然有序地使用校园网络平台；将校园网络平台的各级管理体系一起来，完善网络信息的反应机制，如监控、收集、干预等，以对校园网络平台的正常运行予以保护。

二、"互联网＋"时代学生管理工作的创新

（一）在网络中加强法治与文明的意识

作为学生网络文明与网络法治建设主要阵地的高校，网络法治文明系统建设尚有很大空间，良好的校园网络文化氛围有待形成。对于这一问题，一方面，应坚持他律结合自律，主张学生群体树立互相监督的意识，提高其在网络中的文明程度。同时，加深学生对网络文明与网络违法行为标准的认识，使学生在网络中的行为与现实差异不大，从而通过实际行动更好地构建网络文明。另一方面，国家应以网络发展的新问题与新情况为依据，制定符合当前网络环境的法律法规，提高网络文明行为的标准以及加大对网络犯罪的打击力度。高校学生管理人员应通过开展文明上网教育、网络安全教育、网络普法教育对学生进行引导，在提高网络文明行为标准的同时，树立学生在网络中的自我保护意识，使其能够主动思考相关的网络法律法规。

（二）将教育阵地逐步扩充到网络之中

开放性是网络典型的特征之一，在多元文化的影响下，学生管理工作人员需要承担更多的责任，他们应在校园网设立理论专区、在网络平台构建"红色网站"，为思想政治教育打下基础。同时，应对高校学生网络民意的表现保持高度的重视，通过对高校学生思想动态的密切掌握，及时回应高校学生关注的热点问题，将疏导工作做好。此外，应对高校学生经常参与的网络聊天室、网站、网上社区有所触及，通过积极沟通，对高校学生的网络情绪有及时的了解。由于网络骨干活跃人员对普通民众的影响力是巨大的，在面对敏感话题时，应将骨干活跃人员团结起来，通过发挥他们的积极影响，使更多网友能够成熟、理性地对问题进行思考。

（三）将网络资源用于学生管理工作中

目前，在高校学生管理工作中，网络资源与技术的应用尚处于初期阶段，在实际应用上有一定欠缺。只有以管理与服务相结合为基本原则，才能更好地开展网络学生管理工作，因此，一方面，应将对学生的网上服务空间进一

步拓宽，例如，开展网上社团活动、网上就业信息咨询、网上心理咨询等，通过对网络具有的优势特征的合理利用，将一些在现实操作中具有局限性的管理工作或服务进行消除，使高校学生管理工作得到新突破；另一方面，应提高校园网络的信息储量，在校园网络中，不仅可以查询本校的规章制度、方针政策、常规信息，还应包括本校学生经常使用的生活社交网络资源、学术网络资源等，使校园网络具有综合性特征，在方便学生学习的同时，增加自身的吸引力。

（四）利用网络技术充分了解学生想法

"互联网＋"在学生管理中能否发挥自身所具有的优势作用，与学生管理工作者的管理意识有着必然的联系。"互联网＋"视角下的高校学生管理优化需要学生管理工作者树立平等的沟通理念，要求学生管理工作者、教师以及其他工作人员应全员参与，除此以外还应树立发展的理念。对于学生管理工作而言，与学生通过网络进行沟通并不是非常容易实施的行为，网络所具有的特殊性决定了网络使用主体的平等性，进而也决定了学生管理工作者应从平等地位的层面出发，同学生进行对话与沟通。

学生管理工作人员应清楚抢占网络高地的重要性，建立独自的网络构架。受传统教育理念的影响，学生虽然懂得尊师重道，但也会对教师产生一定的畏惧心理，在面对教师时心扉难以完全敞开，学生自然不会表达真实的思想观念，而由于网络具有虚拟性、隐秘性的特征，学生在网络中与教师交流时会减少一定的顾忌与尴尬，因此，当代大多数学生都喜欢在网络中表达自己的思想情感，将网络作为释放压力、缓解情绪的工具。当管理者对网络的掌握程度较低时，是很难确切掌握学生的思想情感的，也难以发现问题。所以，要对学生在网络上发表的信息保持一定的关注，适当地了解学生的想法。

第二节　大数据时代下的学生管理工作创新

大数据作为信息技术的发展趋势，在当前社会中起到了重要作用。对高校学生管理而言，大数据的作用显而易见，其对其未来发展将会起到非常有利的作用。在这种影响下，学生管理工作要引入大数据，利用大数据对学生进行针对性的管理，提高高校学生管理工作的实效性。在教育领域，大数据的价值可以在整体上划分为宏观和微观两个方面。在宏观上，大数据能够帮助教育管理部门作出适宜于整个地区或者全国的教育决策。通过将地区的教育数据整合在一起，大数据可以发现这些教育数据隐藏的规律，从而制定有针对性的教育政策，或是运用这个规律，或是对这个规律进行纠正，以达到教育活动的目的。在微观上，大数据能够帮助教育机构实现个性化教育。通过对教育对象行为数据的整合与具体分析，教育机构能够发现教育对象背后的行为规律，此时，大数据是针对特殊现象进行分析的利器。

在学生管理的过程中，有时为节约成本，同时方便管理，一定程度上会忽视学生应该具有的权益，一些教职员工并未意识到自身应该具备服务意识，因时间与精力大多投入科研事业中，而缺乏对学生的引导与关爱。因此，为了实现学生的全面发展，高校不断完善关于学生权益的规章制度及成长服务机制、明确教育管理组织的服务职能、培养教职员工的服务意识，从而更好地解决学生在人生发展中面临的各种问题。大数据时代，学生管理工作可以通过利用数据分析和技术创新来提升效率和质量。

一、实现个性化教育

在当今快速发展的大数据时代，学生管理工作的创新已成为教育界的关键课题。其中，个性化教育作为一项革命性的改革，通过大数据分析技术为学生提供了一种定制化、个性化的学习体验。这一创新性的方法不仅是简单地将教学内容数字化，更是通过深度分析学生的学习习惯、兴趣爱好和学术表现，为每个学生量身打造符合其需求和特点的教育方案和资源。

个性化教育的核心在于了解每个学生的独特需求。借助大数据分析，学校和教育机构可以收集和整理学生的学习数据、兴趣点、学术表现等多方面信息。通过对这些数据的深入分析能够揭示出学生在学习过程中的偏好、弱点以及可能的发展方向。这种个性化教育的方法不仅局限于教室内的教学内容，更涉及学生在课外学习、兴趣培养方面的需求。例如，某些学生可能对科学感兴趣，但在数学方面较为薄弱，这时候个性化教育可以提供特定于其数学学习难点的补充教材或辅导资源，以满足其个性化的学习需求。

要实现个性化教育，数据分析是关键。大数据技术能够收集和整合大量学生的学习数据，如学习时长、题目做题情况、测验成绩等。通过这些数据，算法可以发现学生学习的规律和趋势，为教师和教育机构提供量身定制的教学方案。例如，对于习惯在晚上学习的学生，可以调整学习资源的推送时间，让其在学习状态最佳的时间获取内容；对于喜欢通过视觉方式学习的学生，则可以通过提供更多的图表和视觉化的学习资料提高其学习效果。

此外，个性化教育也可以促进学生的自主学习能力。通过针对性的学习资源和指导，学生可以更好地了解自己的学习需求，形成自主学习的习惯。这不仅有助于提高学生的学习成绩，更培养了学生的学习兴趣和自我管理能力。

二、引入预测性分析

在大数据时代，预测性分析是学生管理工作中的一项革命性创新。通过收集、整合和分析学生的各种数据，从学习习惯到表现数据，再到课外活动和社交互动，学校和教育机构能够更准确地洞察学生的学习趋势和可能遇到的困难。这种洞察力不仅是看到当前的状态，更是对未来的可能性进行深度研究，以便提前介入并提供有针对性的支持和辅导。

预测性分析的核心在于利用数据来揭示学生的学习趋势。通过收集学生的学术成绩、作业完成情况、考试表现以及学习活动的频率和时长等信息，学校可以利用先进的数据分析工具和算法来发现学生的学习规律。例如，某些学生可能在某一学科上有更高的学习成绩，但在另一学科上存在挑战。预测性分析可以发现这种差异，并识别出学生可能遇到困难的领域。

在发现学生可能遇到的问题之后，学校可以提前介入并提供定制化的支持和辅导。这包括为学生提供额外的教学资源、特殊的辅导课程或者更多的个性化学习建议。例如，对于在数学方面可能遇到困难的学生，学校可以安排额外的数学辅导课程，或提供在线学习资源以帮助他们弥补学习上的缺陷。这种有针对性的干预可以在学生陷入困境之前帮助他们克服困难，避免学习上的落后和挫折感。

此外，预测性分析也有助于促进学校资源的有效分配。通过了解学生的学习需求和潜在问题，学校可以更有针对性地分配教师、课程和其他学习资源，最大限度地满足学生的需求。这种优化资源配置的方式可以提高教学效率，使学生和教师都能够获得更好的学习和教学体验。

三、智能化评估与反馈

在当今迅速发展的大数据时代，智能化评估和反馈成为学生管理工作中的重要创新领域。这项创新利用了技术创新，开发了智能化评估工具，这些工具能够更全面、客观地评估学生的学习情况，并在必要时及时给予反馈，以帮助他们改进学习策略。这种智能化的评估手段不仅为教师提供了更全面的评估手段，也为学生提供了更有效的学习指导和支持。

智能化评估工具基于大数据和先进的技术创新，可以收集和分析多维度的学生数据。这些数据不仅包括传统的考试成绩和作业完成情况，还包括学习过程中的互动、参与度、学习时长等多方面信息。通过这些数据的分析，评估工具能够更全面地了解学生的学习状况，发现学生在不同学科、不同知识点上的优势和不足。

与传统的评估方式相比，智能化评估更具客观性和全面性。它不仅能够考量学生在考试中的表现，还能分析学生在学习过程中的实际情况，例如他们的学习进度、理解程度和学习态度。通过这种更全面的评估，教师可以更好地了解每个学生的实际学习情况，而不是片面地依赖于考试成绩。

除了更全面的评估外，智能化评估工具还能够及时给予学生反馈，并提供个性化的学习建议。这种反馈不仅局限于表扬或批评，更倾向于提供针对性的指导，帮助学生改进学习策略和方法。例如，如果一个学生在某个知识点上表现较差，智能化评估工具可以推荐相应的补充学习资源或特定的学习方法，以帮助学生克服困难。

此外，智能化评估还能够为教师提供更加系统化的数据支持，帮助他们更好地制订教学计划和课程设计。通过分析学生的学习数据，教师可以更准确地了解学生的学习需求和学习方式，从而调整教学策略，提供更贴近学生需求的教学内容和方法。

四、促进教学过程优化

在当今发展迅速的大数据时代，教学过程优化成为学生管理工作中的一项重要创新，这一创新以数据分析为基础，通过深入研究和分析教学过程中产生的数据，旨在了解教学效果、学生参与度以及学生学习情况等信息，以便根据这些信息优化教学方式和课程设计，从而提高整体的教学质量。

教学过程中产生的数据范围广泛，包括但不限于学生在课堂上的互动、参与度、答题情况、作业完成情况，甚至是他们在课堂外的学习习惯和模式。这些数据通过现代化的教学工具和技术收集，并以数字化形式存储和分析。这种数字化的数据收集和分析手段能够提供更为全面和客观的教学过程评估结果。

通过对教学过程数据的深入分析，教师和学校管理者能够更好地了解教学效果。他们可以观察学生在不同知识点上的反应，分析学生的掌握程度和难点所在。例如，通过分析在线学习平台上学生的交互数据，可以了解到哪些学生更活跃，哪些知识点引发了更多的问题或困惑。这些数据能够帮助教师更准确地把握学生的学习状态和诉求。

了解学生的参与度也是优化教学过程的关键。数据分析可以揭示学生在课堂上的参与情况，包括他们的提问、回答问题、参与讨论的频率等。通过分析这些数据，教师可以判断出哪些环节或内容能够更吸引学生的注意力、哪些教学方式更能激发学生的学习兴趣，从而在教学中更多地采用这些有效的教学方式，提高学生的参与度和专注度。

除了教学效果和学生参与度，数据分析还可以为课程设计和教学方式的优化提供指导。通过分析学生的学习行为和模式，可以发现哪些教学内容更受欢迎或更容易引发学生的兴趣，从而调整课程设计。例如，可以根据学生的学习数据调整课程的难易程度或内容设置，使其更贴合学生的实际需求和水平。

五、完善学生管理系统

在当今充满挑战和机遇的大数据时代，建立完善的学生管理系统已成为学生管理工作中一项关键的创新举措。这一创新旨在通过整合学生的学术、行为、健康等多方面数据，打造出更为全面、深入的学生画像，为教师、家长和管理者提供更加准确和实用的信息，以更好地管理和辅导学生。

学生管理系统的建立基于大数据技术，通过集成各类数据源，如学生成绩、课堂表现、行为记录、健康状况、社交互动等多方面信息，形成一个全面的学生信息数据库。这些数据在被收集和整合后，经过深度分析和处理，能够为教育者提供更清晰、更全面的学生画像，使得他们能更好地了解学生的全貌和特点。

学生管理系统不仅是一个数据集合，更是一个为教育决策提供支持的重要工具。通过对学生数据的深入分析，系统可以提供个性化的学生发展建议。举例来说，如果一个学生在学术方面表现出色，但在社交互动上面临挑战，系统可以提供相应的建议，例如，通过参加社交活动、加入社团等促进学生的全面发展。

此外，学生管理系统也能够为家长提供更直观、更详细的学生信息。家长可以通过系统了解到孩子的学业进展、行为表现、健康状况等各方面情况，从而更及时地了解孩子的需求和成长情况。这种信息的透明度和及时性有助于家长更好地配合学校，共同关注和促进学生的成长。

对于教育管理者而言，学生管理系统则是一个有效的决策支持工具。通过系统收集和分析的数据，管理者可以更准确地了解学校的整体情况和学生群体的特点。例如，可以通过系统了解到某一群体学生在特定科目上的普遍困难，从而有针对性地制订改进教学方案或课程调整计划。然而，在建立学生管理系统的过程中，数据隐私和安全是一个至关重要的问题，必须严格遵守相关法律法规，保障学生个人信息的安全和隐私，确保数据合法、安全、透明地使用。

以上创新可以帮助学校更好地了解学生、优化教学过程，并提供更有效的支持，以提升学生的学习体验和学术成就。

第三节　新媒体时代下的学生管理工作创新

随着信息化技术的不断发展，数字杂志、数字电视、网络、移动媒体、触摸媒体等新媒体应运而生（何子婷和窦浩容，2023）。新媒体是一个动态的概念，随着科技发展而不断变化的，是与传统媒体相对应的一个概念。新媒体打破了时空限制，为人们提供多样化的信息服务，给人们创造了新型的生活形式，营造了一个新媒体环境。同时，在新媒体基础上，"第五媒体" "微媒体""自媒体"等概念得以产生。新媒体已经渗透到人们生活的各个方面，使人们的生活出现了很大的改变，其具有广泛的渗透力、强劲的吸引力、强大的号召力和深远的辐射力。

从新媒体对学生工作的影响方面来分析，其特征包括：一是新媒体具有受众广泛性。因为新媒体可以通过电视、电脑、手机等终端进行传播，在数字技术和互联网技术日新月异的今天，新媒体的受众是最多的，传播范围也是最大的，也可以简单认为"人人都是新媒体人"。二是新媒体的途径和内容具有多样性。传统媒体注重的是主流媒体，而新媒体受众群体也可以是新媒体信息的制造者，信息可以通过微信、微博、朋友圈、贴吧等多种形式传播，所以新媒体也造就了一些新群体，如"网络主播""网红""吧主"等。三是新媒体传递信息具有即时性、传播速度快。新媒体内容能够在信息被加工后马上被传播。四是新媒体具有开放性和互动性。新媒体传播是双向的，信息制造者和信息接收者在位置上是可以互换的。当然，新媒体还具有内容多元性、共享性、自主参与性等特征，具有这些特征的新媒体对高校学生管理工作的开展十分有益。

一、新媒体对学生管理工作的积极影响

第一，丰富学生管理工作者的工作手段和形式。新媒体让学生管理工作的形式和手段更加丰富。借助新媒体平台，学生管理工作的时效性、实效性和渗透性都更强了。高校学生管理工作涉及面本就非常广，而且工作量大，既有一对多的工作，又有一对一的工作，而新媒体可以让学生管理工作在"线上"和"线下"结合开展，线上可以把共性的问题统一解决，线下可以采取个性化、差异化的问题处理；学生管理工作者借助微信、公众号、腾讯QQ、飞信等多种手段可以及时发送通知，也可以与学生随时随地互动；新媒体也能够让学生管理工作者更清晰地了解到学生的需求，使学生工作深入学生的内心；学生管理工作者借助新媒体，利用社会资源、学生家庭资源，形成教育合力，让工作的渗透性和实效性更强。

第二，拉近与学生之间的沟通距离。高校学生管理工作者既是教育者，又是管理者和服务者，这样的多重身份让学生管理工作者进行各种角色转换，

而新媒体的出现让学生管理工作者可以更好地处理这些问题了。新媒体可以拉近师生之间的距离，通过新媒体进行交流和互动，学生会感觉比较轻松，没有压力，也能够更好地和教师交流自己的想法。很多时候，学生不敢当面提意见，通过新媒体，学生可以畅所欲言，让教师更好地了解他们真实的想法，师生之间的交流就会更加亲切，联系也更为密切。

第三，提供充足的学习和提升空间。以往学生管理工作者总是忙于各种烦琐事务性的工作，很难有时间进行系统的业务学习或个人的晋升，而新媒体在这方面为其提供了新的可能。学生管理工作者可以通过新媒体进行知识的学习，获取更多的知识，也可以和同行进行很好的工作交流，让自身不断地提高和进步，特别是新媒体为其打开国际视野，使其更好地建立现代观念，对个人综合素质的提高起到了促进作用。

二、新媒体助推学生管理工作创新策略

（一）新媒体助推学生管理和思想工作创新

对学生在校园里的生活、学习进行管理，保障学生的思想及心理健康发展是学生管理工作者的本职工作。在新媒体时代，学生管理工作者可以利用新媒体工具更高效、更科学地完成这些工作。他们可以通过网络及社交软件把学校发布的规定和信息及时准确地传递给学生。在思想管理方面，学生管理工作者无法改变信息繁杂、良莠不齐的网络环境，但是可以充分利用新媒体，经常与学生沟通交流，拉近与学生的距离，了解学生最新的思想动态，积极引导学生树立正确的价值观念，不仅要做学生学习道路上的引路人，更要做学生可以倾诉心情与烦恼的朋友。学生管理工作者也可以充分利用新媒体建立与学生交流沟通的渠道，建立腾讯QQ群、微信班级群，开展安全教育工作，了解学生的思想和行为，创造良好的网络文化氛围。学生管理工作者还可以通过抖音、微博、微信等公众平台分享自己的工作和生活，转发一些正能量的文章，方便学生更加深入地了解自己，展示自己的学识和人格魅力，发挥优秀榜样的作用，增进与学生的友谊，潜移默化地影响学生，帮助学生树立正确的价值观念。

（二）新媒体助推学校"一站式"服务与创新

"一站式"学生管理服务是由学生管理工作队伍带领一群勤工助学的学

生和学生干部进行服务，借助新媒体开通的"线上"和"线下"一体的办事大厅。"一站式"学生管理服务的内容主要包括涉及学生管理工作的事务，如学生证办理、奖助贷申请、团活动申请等，这些事情能够通过"线上"解决的，就不需要在"线下"进行办理。"线上"办事大厅主要是受理和预约功能，也有一些简单的查询和咨询功能，还有就是评价和反馈功能；"线下"办事大厅的方式主要是参照政府办事大厅的工作模式，实行专项工作专门窗口受理申请，然后通过"一站式"学生事务服务的工作人员与各行政部门协调办理，在规定工作日内把处理结果反馈给学生，如果能够当场办理的就当场给予办理，并接受学生的监督和评价。"一站式"服务的根本目的就是实现服务育人，让学生自我服务意识和实践得以更好体现。

第四节　学生管理工作中的信息化创新建设

当今社会，在科技潮流、时代背景的推动下，国家越来越重视高等教育，高校的入学率也在逐年提升。学生数量的提升也带来了很多的问题，其中，最重要的问题就是学生数量多，随之学生的管理工作也变得很困难。学生管理工作者应该利用网络信息传达速度快、效率高、准确性高等特点开展学生的管理工作，建立适合高校学生的管理体系。大学生的日常生活和学习都离不开网络，学生会利用网络做各种自己想做的事情。现在普遍的社会现象是大学生们都非常依赖网络，这就为高校学生管理者的管理工作信息化建设提供了很大的便利和支持，使得高校学生管理工作的信息化建设更加容易展开。

信息化建设对高校学生管理工作影响深刻、意义重大。做好高校学生的管理工作对学生的各个方面的发展都很重要，因此，国家高度重视高校人才的培养。而对于各个高校而言，管理学生的工作无疑是最重要的。当今社会是信息化迅速发展的阶段，各行各业都重视信息化建设，高校也应该顺应时代发展潮流，做好高校学生管理工作的信息化建设。

高校做好学生管理工作信息化建设在一定程度上促进了社会信息化的发展。如今科技发展使得信息变得更加复杂，信息的真假也难以辨别。因此，需要高校学生管理工作者从安全、便捷、快速等方面做好信息化建设工作，这样一来，受益的就不仅是管理工作者，还有高校学生们。管理者能够更加方便、快速、有效地去展开管理工作，学生们同时也能够及时获得信息并及时地作出各种安排。

管理工作的信息化建设也是对学生人身安全的一种保障，虽然大学生已经是成人，不需要太多的管理，但是大学生们涉世不深，难免会出现一些人身安全、财产安全等方面的问题，这就需要经验丰富的学生管理者为其提供帮助，而信息化系统的成功建设就起到了这种作用，能够让管理者及时知道学生所遇到的问题，及时为其解决问题。同时，假如学生遇到危险，也能够及时求助学生管理工作者，从而保障自身的安全。由以上可见，信息化建设对高校学生管理工作极其重要，信息化管理也能发挥自身优势，因此，只要能够将这种管理方式加以灵活运用，高校管理工作的未来会更加美好、更加容易。

做任何事情，都需要注重方式方法，只有用对方法，才可以高效地完成所要做的工作，高校学生管理工作也是同样的道理。现在，高校学生的电脑、手机普及率非常高，几乎每人手持一部手机，每人都会使用一些社交软件，这为学生管理工作提供了很大的便利，管理者也可以合理地利用这些软件展开信息化管理，这就需要高校教师跟随社会发展的步伐，学会并且高效地利用这些软件。

高校的教务系统是学生学习和生活必不可少的信息化系统，而且学校的教务系统足够安全，学生们也会更加相信教务系统所发布的信息，管理者可以灵活使用教务系统，利用教务系统发布一些通知等，既方便，又安全，学生也不用去担心信息的真假，这就使学生的管理工作变得规范化，安全化。例如，将学生活动、学业通知等发布在学校教务系统上，学生和管理者都有各自的账号，学生有疑问可以直接在教务系统上发布私信联系管理者，同样，管理者也可以发私信给学生，及时地和学生联系，及时地了解情况。由此可见，方法真的很重要，各个高校的学生管理者应该努力去寻找适合自己学校学生的信息化管理方式，因生制宜才是最正确的方式。

现代管理者的管理工作通常是通过微信、腾讯 QQ 等社交软件展开的，学生们现在都普遍会用这些软件，但是这种聊天群的交流方式也会出现各种问题。所以，这就需要学生管理者在平时开展学生的管理工作时要做到细心、严谨。学生管理者应该通过观察学生的行为、语言等及时发现问题、及时解决问题，只有这样，才可以及时地解决一些隐私性问题，才能避免在如今信息化发展过快的潮流中忽略一些问题，才能避免管理工作出现失误。

综上所述，高校学生管理工作的信息化建设非常重要，管理者只要足够重视，紧跟信息时代发展潮流，积极地学习信息化知识，以学生为中心、以建设信息化管理方式为手段，认真地思考学生管理工作的方式方法及途径，同时，积极寻找最适合本校实际、学生乐于接受的最高效的方法，那么高校学生管理工作的信息化建设就会很容易开展。

参考文献

［1］蔡翠．高校学生管理工作研究［J］．新西部（下旬刊），2013（1）：158－159.

［2］陈世琼，吴成茂．浅析高校学生管理工作［J］．科技视界，2015（34）：145.

［3］陈小伟，杨安童．高校学生课外活动管理策略［J］．当代旅游，2019（8）：158.

［4］董玲．高校美育课程建设与艺术审美研究［M］．北京：国家行政学院出版社，2018.

［5］付帅．论高校学生管理工作的创新思路［J］．才智，2013（35）：21.

［6］何子婷，窦浩容．新媒体视域下高校学生管理工作创新研究［J］．山西青年，2023（13）：187－189.

［7］黄向东．高校学生管理工作浅析［J］．现代营销，2013（2）：170.

［8］李乐．心理健康视角下高校学生管理工作探讨［J］．山西青年，2021（1）：190.

［9］李玲．高校学生管理工作创新研究［M］．长春：吉林人民出版社，2020.

［10］李妮娜．新媒体环境下高校学生管理工作创新探究［J］．新闻研究导刊，2023，14（12）：181－183.

［11］李晓飞．素质教育视野下大学生管理模式创新研究［J］．陕西教育（高教），2016（4）：79.

［12］梁婷婷. "互联网＋"视阈下高校学生管理工作的创新探究［J］. 中国新通信，2022，24（15）：236－238.

［13］刘娜. 网格化管理模式在高校学生管理工作中的应用［J］. 江西电力职业技术学院学报，2023，36（4）：80－82.

［14］麦智杰. 高校学生管理工作法治化的困境与进路［J］. 大学教育，2023（10）：12－15，34.

［15］蒲实. 探析高校学生管理工作精细化管理［J］. 黄河·黄土·黄种人，2020（21）：32.

［16］任福全，薄利惠. 新时期大学生学习能力培养研究［J］. 安徽职业技术学院学报，2017，16（3）：47.

［17］沈佳，许晓静. 基于多视角下的高校学生管理工作探究［M］. 北京：现代出版社，2021：37－108.

［18］隋敏，刘因科. 人文关怀视角下高校学生管理工作的实践分析［J］. 才智，2023（22）：189－192.

［19］孙绍华，高浩. 浅谈高校学生组织建设［J］. 才智，2018（21）：36.

［20］田原. 柔性管理在高校学生管理工作中的运用［J］. 辽宁开放大学学报，2023（2）：65－67.

［21］王慧玲，黄晓翠，宋滟. 有关高校学生组织管理的文献综述［J］. 行政事业资产与财务，2021（20）：115.

［22］王晓瑛. 高校学生管理工作中柔性管理理念的运用［J］. 山西青年，2023（16）：184－186.

［23］王雅茹. 新形势下高校学生管理工作面临的挑战及优化路径［J］. 南北桥，2023（3）：109－111.

［24］王烨. 大数据时代提高高校学生管理工作研究［J］. 辽宁省交通高等专科学校学报，2022，24（3）：46－49.

［25］杨博. 新时代网络育人模式下高校学生管理工作研究［J］. 山西青年，2023（12）：181－183.

［26］杨道，林怡冰. 高校学生管理工作的行与思［M］. 天津：天津科学技术出版社，2022.

［27］姚丹，孙洪波．高校教育信息化管理与学生管理工作［M］．北京：中国纺织出版社，2021．

［28］张东方．组织文化在高校学生社团建设中的作用研究［J］．领导科学论坛，2021（11）：147．

［29］张一江．高校学生管理工作与思想政治教育的融合与践行［J］．西部学刊，2023（6）：120－123．

［30］赵诚．人文关怀视角下高校学生管理工作路径研究［J］．吉林广播电视大学学报，2023（3）：58－60．